简明中国法律经济学

戴治勇◎编著

西南财经大学出版社

中国·成都

图书在版编目（CIP）数据

简明中国法律经济学 / 戴治勇编著.--成都:西南
财经大学出版社,2025.6.--ISBN 978-7-5504-6742-2

Ⅰ.D90-056

中国国家版本馆 CIP 数据核字第 2025YJ0122 号

简明中国法律经济学
JIANMING ZHONGGUO FALÜ JINGJIXUE

戴治勇　编著

策划编辑:李晓嵩
责任编辑:王　利
责任校对:温高屏
封面设计:墨创文化
责任印制:朱曼丽

出版发行	西南财经大学出版社(四川省成都市光华村街 55 号)
网　　址	http://cbs.swufe.edu.cn
电子邮件	bookcj@swufe.edu.cn
邮政编码	610074
电　　话	028-87353785
照　　排	四川胜翔数码印务设计有限公司
印　　刷	郫县犀浦印刷厂
成品尺寸	185 mm×260 mm
印　　张	8
字　　数	143 千字
版　　次	2025 年 6 月第 1 版
印　　次	2025 年 6 月第 1 次印刷
书　　号	ISBN 978-7-5504-6742-2
定　　价	29.80 元

前言

　　法律经济学被引入中国以后，部分法学家将经济学的思维方式引入法学研究当中，但大都只是将其作为一个流派嵌入其原有的知识体系中。严格来讲，他们的研究并不是纯粹的法律经济学研究，他们的逻辑也不是单一的经济学逻辑。同时，部分经济学家也开始关注法律问题，但他们主要关注的是法律的实施效果，采用的方法也是标准的经济学研究方法，强调命题的逻辑推演和经验检验。这样的研究使得中国的法律经济学分为两支：法学家眼中的法律经济学和经济学家眼中的法律经济学，两支互不影响，交流很少，几乎完全独立发展。法和经济学论坛很少有法学家参加，法律与社会科学年会也没有经济学家参与。法律经济学在其发源地美国则不同，经济学家在法学顶级杂志上发表论文，法学家在经济学顶级杂志上发表论文，都是常有的事。

　　机缘巧合，我可能是国内第一个没有学过法学，以经济学博士的身份进入法学院任教的人。在西南财经大学法学院教书十余载，给法学院的本科生、硕士生、博士生普及法律经济学知识，我深感改变一个人思维方式的不易。对初学者尚且如此，对思维体系已经形成的成名法学家而言，要想自我革命当然更难。由于课程时间有限，我一直在经济学和法学知识兼顾之间徘徊，推荐给同学们的法律经济学教科书也不顺手。总的来讲，法律经济学方面的教材可选择面很小，远不如微观经济学、宏观经济学那样国内外教材都成百上千，也不如民法、合同法、侵权法、刑法教材那样堆积如山。引进的国外优秀教材如考特和尤伦的《法和经济学》数理推演偏多，法学院学生接受起来有困难；沙维尔的《法律经济分析的基础理论》，特别是波斯纳的《法律的经济分析》太过庞杂，很难在短时间内掌握，而且它们产生于美国，不仅案例较少，而且仅有的案例也离我们太远，难以产生共鸣，读起来比较枯燥。国内法学家写的法律经济学教材是以流派的角度审视法律经济学，经济学家写的法律经济学教材则基本都是集体编著，体系性、逻辑性不够。因此，我萌生了自己写一本法律经济学教材的想法。为了与市面上已有的教材有所区别，首先，本书追求简明扼要，力争覆盖一学期的课程。在信息爆炸的时代，人们希望在尽可能短的时间里掌握更多的知识，一本薄的教材可能更受欢迎。其次，本书尽可能使用在中国发生的真实案例，力求做到教材的本土化、趣味化，自成一体，可读性强，同时兼具经济学效率逻辑的纯粹性、单一性。这符合习近平总书记强调的"把论文写在祖国大地上"的要求。

本书的编排与法学教科书有较大区别，原因是经济学的思维方式与法学有异。经济学将法律视为一种激励制度、一种博弈规则。作为博弈规则，它通过改变人们行为选择的成本收益来影响人们的最优选择，从而影响博弈均衡。经济学分析法律制度，采取的是"曲线救国"方式，先分析人的行为选择逻辑，然后把法律制度作为人的行为选择的一个约束条件进行分析，最后通过博弈均衡的利弊后果来对法律制度加以评价；而法学直接研习法律制度，极为重视法律条文，只在法律制度规定不完全时，基于立法目的或原则，重新解释法律，以求弥补法律制度的不完全，将其适用到纷繁复杂的现实中去。解释的方法有很多，法学方法并不纯粹，经济学的效率标准最后被杂糅其中。因此，作为法律经济学，本书采用经济学思维方式，每一章的编排都从对人的行为选择分析开始，然后把法律作为一种激励制度引入，无论是财产法、合同法、侵权法还是刑法，甚至诉讼法，处理方式都是一样的。相关法学教科书则不同，它们都从概念、原则、体系、分类开始，然后进一步展开。由于部门法的调整对象不同，概念体系有别，原则不同，研究不同部门法的法学家之间甚至也出现了隔行如隔山的情况。法学家通常只解释法律，把法律当做圭臬，不评判法律本身的优劣，将法律评估作为研究的禁区；经济学家则没有这种禁忌，以效率标准比较各种制度安排的优劣是他们的强项。

现代经济学分为两块，一块是理论推演，一块是经验检验。法律经济学同样如此，它既研究法律制度的规律性，发现法律制度大都具有效率逻辑，也研究法律的执行效果，以及"书本的法律"与"运行的法律"之间的差别。主流的法律经济学教科书主要关注法律制度的逻辑，对法律的运行及其效果关注较少，而本书做到了尽可能地兼顾两者。

戴治勇

2025 年 4 月

目录 CONTENTS

第一章

效率假说

第一节　诠释与解释

诠释学（hermeneutics）是当代西方哲学的一个流派，是研究理解或阐释的学科。其词源可追溯至古希腊神祇赫尔墨斯（Hermes）。赫尔墨斯是宙斯的信使，其职责是向人传递神的旨意。神的旨意并不以人能理解的形式出现，因此，赫尔墨斯在传递的过程中不能仅仅是告知，还要进行诠释。从这个寓言性的说明中，我们可以看到，"诠释"一词天然地与理解（interpretation）、解释或阐释相关。它在历史上特别指神学中对《圣经》的解释方法，在近现代则扩充到对文学文本及其他文本（比如法律文本）的解释。

诠释文本就是发现文本的意义。对意义的看法通常有三种，一种是作者的意图，这通常与作者创作时的环境、认知有关；一种是读者的理解，这与每位读者的理解能力、生活经历，甚至利益有关；一种是文本本身的意义，作者的创作意图可以结合上下文语境或者作者的经历去理解，尽管可能有模糊的地方，但它是相对确定的。读者的理解则因人而异，它是相对不确定的，甚至是无限的，读者甚至可以从自身利益出发，故意曲解作者原意，正所谓"一千个人心中有一千个哈姆雷特"。之所以还要讨论文本本身的意义，是因为作者的创作是有时代局限的，其创作意图有可能不符合新的时代潮流。这时，假定作者在新的时代重新创作，他的意图会是什么，这就是根据作者一贯的思想，对原始文本本身的现代意义进行探寻和阐释。对于法律文本，我们通常支持第一种或第三种诠释，否定第二种诠释。但第三种诠释推论性更强，诠释者在诠释时很有可能夹带"私货"，暗地里与第二种诠释混同。这时，谁的诠释能够脱颖而出，往往取决于诠释者所拥有的暴力优势以及政治、经济或社会地位。比如 1985 年 1 月 1 日制定、1996 年 2 月 28 日修订的《中国民用航空旅客、行李国内运输规则》规定：不满 2 周岁（以起飞日期为准）的婴儿乘机按成人票价的 10% 购买婴儿票。已满 2 周岁未满 12 周岁（以起飞日期为准）的儿童，按同一航班成人普通票价的 50% 付费。这在航空公司不打折或折扣很少时是一种优惠，但是如果航空公司竞争激烈，成人机票二折、三折，甚至一折都是常见的事，那么，如果按照规则原意，儿童机票五折，就将高于成人票价。按照规则本身的意义，儿童机票价格比成人更优惠，不能高于成人机票价格。乘客至少有选择权，或者按五折购票，或者按成人价格购买儿童票。航空公司有按照原意，即第一种方法诠释的企图，乘客有按照规则本身的意义，即第三种方法诠释的企图。当然，这些企图在航空公司相互竞争面前都一文不值，按照原意诠释的航空公司将失去客户。

法教义学就是一种对法律进行诠释的学问，法律文本通常被认为是对公平正义的诠释。比如合同法就被认为是对诚实信用或信守承诺的诠释，侵权法是对矫正正义的诠释，即加害者必须对其所造成的伤害予以赔偿，刑法则受到报应正义的支持。显然，这里有很多例外，情势变更免于违约赔偿是对信守承诺的违反，体育竞技运动中的受害者自甘风险是对矫正正义的违反，无刑事责任能力、期待可能性是对报应正义的违反，这就需要对公平正义进行扩张性解释。但是"一刀切"的民事责任能力、刑事责任能力、诉讼时效、行政处罚、刑事处罚等归责原理对某些人而言是不公平的，很难在公平正义原则下进行诠释。

当然，诠释的对象不仅可以是文本，还可以包括一切社会现象。比如打人骂人有可能被诠释为一种人身伤害行为，也有可能被诠释为"打是亲、骂是爱"。诠释是对该现象赋予局内人或局外人的价值判断的过程，这使得诠释的伸缩性很大，对同一行为，局内人和局外人、局外人和局外人之间的看法可能截然不同。由此，社会科学被认为与自然科学相比更"软"。

与诠释不同，解释（explanation）力图探寻社会规律，探寻自变量和因变量之间的因果关系。它与自然科学更为接近，但是研究对象不同。自然科学探寻自然现象发生的原因，社会科学探寻社会现象发生的原因。自然科学在探寻自然现象发生的原因时常常可以通过实验的方式保持其他条件不变，更好地确定自变量和因变量之间的因果关系；社会科学却常常难以做到这一点，即使有时可以做到，也可能有悖伦理，比如探寻刑讯逼供的效果，而且实验条件下人的行为还有可能与真实社会条件下人的行为有异。如何在非实验环境下保持其他条件不变，是社会科学首先要面对的问题。在解释方法的发展方面，经济学走在了其他社会科学的前面。基于偏微分的思想，理论建模的定性分析和实证研究的计量方法，都可以在一定程度上做到保持其他条件不变，从逻辑上和经验上探寻自变量和因变量之间的因果关系。

与诠释的"软"不同，解释更"硬"，因为诠释无法证伪，而解释可以。与诠释的多样化一样，解释也可能基于不同的假设得出完全不同的理论假说。比如，对于管制就有三种理论假说，一种假说是庇古（Pigou）的公共利益说，管制因负外部性而起，需要基于公共利益对相应行为加以矫正；一种假说是斯蒂格勒（Stigler）的管制俘获说，管制者很有可能被被管制者俘获，实际上是为被管制者利益服务的；还有一种假说是施莱弗（Shleifer）的腐败假说，管制是为管制者设租寻租服务的。后两种假说可以统称为公共选择说。哪种假说对呢？好像都有道理，逻辑上都成立。施莱弗用全世界85个国家的企业进入管制的数据证明，管制越多的国家产品质量越差，污染越严重，产品事故越多，地下经济规模越大，腐败越严重。实证数据否定了公共利益假说，肯定了公共选择说，特别是腐败假说。

经济学强调解释的出发点是个人的理性选择，约束条件的变化决定了个人选择的变化。法律人，包括罪犯、律师与法官、警察，与经济人没有什么区别，都在做理性选择，法律规则构成了法律人理性选择的重要约束条件。法律的经济分析表明，在不同的法律规则下，人们的行为选择也相应不同。有意思的是，很多时候法律都是有效率的，即法律构成了纠正个人行为外部性的制度安排，这就是法律的效率假说。

有的法律学者据此声称，法律的经济分析其实是另一种法教义学，只是把公平正义替换成了效率，在很多时候，满足公平正义标准，同时也就满足了效率标准。这种说法没有注意到诠释和解释的区别，公平正义是赋予法律以意义，效率则是对法律进行经济分析时的意外发现；公平正义没有微观基础，其含义常常是不明确的，还需要诠释者做进一步的诠释，并成为法教义学众多争议的根源，效率则是从个人的理性选择出发，含义相对明确，争议较少①。

---

① 公平是一种程序和过程的概念，正义是一个应然的概念，自罗尔斯提出"公平即正义"（justice as fairness）以后，二者通常一起使用。公平正义通常又与平等的概念联系起来。何为平等？平等是一种无差别的状态或结果。不平等是社会的常态，追求平等是人类的根本目标之一。不过，当一种旧的平等消除了，一种新的不平等常常随之而来，结果是"什么样的不平等是可以接受的"成为核心问题。如何实现平等则关乎公平。公平通常有功利主义的"追求最大多数人幸福"意义的公平、罗尔斯"无知之幕"意义的公平，自由主义的"机会平等"意义的公平，三者并不等价。自帕累托后，公平被认为是要增加一个人的利益，就不得不损害另一个人的利益的状态。参见：俞可平. 重新思考平等、公平和正义［J］. 学术月刊，2017（4）：5-14.

第二节　制度变迁理论

对法律的经济分析表明，法律制度常常符合效率标准，这并不是说，所有的法律都是有效率的。事实上，波斯纳（Posner）发现，普通法作为一种长期演化而成的法律，更有可能满足效率标准，成文法则不一定。为什么？回答这个问题，需要介绍一下新制度经济学的制度变迁理论。

新古典经济学认为经济增长取决于资本和劳动的投入以及技术的进步，新制度经济学则认为资本和劳动投入的增长以及技术的进步就是经济增长本身。要理解一国为什么穷、为什么富，还需要探寻更为基本的因素，那就是制度因素。正是有效率的制度，特别是产权制度，促进了物质资本和人力资本的积累以及技术的进步。接下来的问题是：为什么有的国家选择了有效率的制度，有的国家没有呢？为什么一个国家的制度会发生改变，而且这种改变并不是线性地从无效率的制度转向有效率的制度，而是波诡云谲，既可能从无效率的制度转变为有效率的制度，也可能从有效率的制度转变为无效率的制度，中间还可能不断有反复？诺思（North）在《经济史中的结构与变迁》一书中提出了所谓的"诺思悖论"，认为国家是经济增长的前提，也是经济衰退的根源。他提出了这个问题但并没有回答这个问题，诺思自己证明了人与地相对价格的变化，促进了私有产权的产生。德姆塞茨（Demsetz）则明确提出当制度变迁的收益大于成本时，制度变迁就会发生。这是一种线性思维，认为制度会从无效率向有效率转变。这种理论将经济力量当成了制度变迁的唯一动力。林毅夫将制度变迁分为自上而下的强制性制度变迁和自下而上的诱致性制度变迁。诱致性制度变迁更有可能受到经济力量的支配，特别是相对价格的变化，从而是有效率的；强制性制度变迁则受到统治者利益的支配性影响，而统治者利益可能与社会利益一致，也可能与社会利益不一致，从而可能是有效率的，也可能是无效率的。统治者的利益由统治者的约束条件决定，比如统治集团的构成、执政的合法性基础、统治者面临的环境是战争还是和平等。虽然诱致性制度变迁更有可能是有效率的，但是它的变迁是缓慢的。并不是相对价格一发生变化，制度就马上改变，而且在过渡时期，它很可能是无效率的，因为过渡时期可能很长，比如不成文的习俗、文化的改变就很慢。

法律吸收了很多村规民约、商业惯例甚至不成文的习俗、文化的规范要求。法律将这些非正式制度转变为正式制度，大都是有选择的，常常是将那些有效率的制度因素吸收进来，而排斥那些无效率的制度因素。这是法律之所以有效率的一个重要原因。对一些无效率的非正式制度，由于它演变缓慢，法律作为正式制度，也可推进其演进速度，促使其一朝改变，比如对妇女的解放。同时，法律作为正式制度，也是"统治阶级统治被统治阶级的工具"，可能受到统治者意志的影响。如前所述，统治者的利益可能与社会利益一致，也可能不一致，这取决于统治者集团的构成、执政的合法性基础、统治者面临的生存环境等。所以，法律可能是有效率的，也可能是无效率的。

哪些法律更可能是有效率的，哪些法律更可能是无效率的？根据前面的理论，那些主要将商业惯例吸收为正式法律条文的法律更可能是有效率的，比如商法的许多规定；每个人都有同等可能成为法律规制的任何一方主体，比如合同法、侵权法、民事诉讼法，每个人都有同等可能成为合同的甲方或乙方，或者侵权的加害者或受害者、诉讼中的原告或被告。这类法律受到利益集团的影响较小，从无效率的制度向有效率的制度转变阻力较小，从有效率的制度向无效率的制度转变的阻力则较大。刑法、刑事诉讼法相对有效率，每个人都有可能成为刑事案件的受害者，但成为刑事案件的被告或加害者的概率是不一样的，有钱有权有势者成为刑事案件被告的可能性要小得多。财产法更可能是无效率的，因为它常常跟制定财产法律时候的历史起点有关，而在任何起点，每个人的财富都是不一样的，并不存在一个"无知之幕"，因此财产法很可能受到既得利益者的影响。除此以外，意识形态对财产法律等相关制度的影响也很大。阿西莫格鲁（Acemoglu）等人发现，产权制度是决定经济增长的更关键因素，因为无效率的合同法更可能被当事人规避，但规避产权制度要难得多①。法律经济学主要分析财产法、合同法、侵权法、刑法和诉讼法，效率假说就是主线。如果法律趋向于效率，那么这类法律在全世界都是趋同的，比如侵权法、合同法；如果法律趋向于无

---

① ACEMOGLU D, SIMON J. Unbundling Institutions [J]. Journal of Political Economy, 2005 (113)：949-995.

效率，由于无效率的原因各个不同，世界各国的法律差异性就较大，比如财产法、刑法的部分规定。正所谓"幸福的家庭总是相似的，不幸的家庭则各有各的不幸"。

拓展阅读

张五常. 经济解释：第 1 卷 [M]. 北京：中信出版社，2019.

波斯纳. 法律的经济分析：第一章、第二章 [M]. 蒋兆康，译. 北京：中国大百科全书出版社，1997.

思考题

1. 在我们国家存在无效率的法律吗？改革的阻力是什么？

2. 在什么情况下公平正义与效率是一致的，在什么情况下是不一致的？

第二章

财产法

第一节 确权

张五常曾对物品（goods）、经济物品（economic goods）和稀缺（scarcity）下过简明扼要的定义：物品就是有胜于无，经济物品就是多胜于少，稀缺与经济物品的定义一样，也是多胜于少。多胜于少，人皆逐之，竞争由此产生。值得注意的是，这里关于物品、经济物品、稀缺的定义都涉及人对物的主观评价（注意"胜"字），而且物既可能是看得见摸得着的桌子、板凳，也可能是看不见摸不着的空气（注：空气是物品而不是经济物品）、信息、声誉、环境等带来的安全感、舒适感等。

财产的定义与经济物品的定义属性基本相同，也是多胜于少。自科斯以后，经济学家开始注意到不仅是供给与需求会影响价格，经济物品背后的权利大小也会影响价格。阿尔钦说，财产权指的是社会强制实施的对某种经济物品多种用途进行选择的权利。这种权利的最重要特征是排他性，其暗含的意思是财产权不再是物本身，而是一种人与人之间的关系。关于财产权的特征里有两个关键词，一个是"社会强制实施"，另一个是"排他"。社会强制实施既可能是法律规定的，也可能是社会规范、习俗规范的。财产的法律权利即是由法律来强制实施的排他性权利。排他意为非经财产所有者同意，其他人无权干预。

一、为什么要分清楚"你的我的"？

一兔走，百人逐之，非以兔为分以为百，由名之未定也。夫卖兔者满市，而盗不敢取，由名分已定也。故名分未定，尧、舜、禹、汤且皆如鹜焉而逐之；名分已定，贪盗不取。

——《商君书》

《商君书》的话翻译为经济学的语言即是：如果财产（兔）不确权，将会产生租值消散。其背后的经济学模型与哈丁的"公地悲剧"类似。如果一块牧场为所有养羊人共同拥有，那么每个养羊人选择养多少头羊的时候，不会考虑到他的选择对其他养羊人的影响，他的羊多了，别人的羊可吃的草就少了。所有人都只顾自己，不顾别人，总的养羊数量就会超过最优的数量，即如果牧场为某个人单独所有的时候的养羊数量。长此以往，过度放牧，牧草会被吃光，牧场就会荒芜，牧场的价值（租值）也就消散了。

当然，哈丁的"公地悲剧"只是一个参照点，租值并不一定会完全消散。奥斯特罗姆发现，或者是演化形成，或者是公地的所有者们协商制定，种种治理机制会出现以阻止其租值彻底消散。但这一般要求公地所有者是有限的小团体，因为只有小团体才可能达成协议，限制各方行为。在这种情况下，开放使用的公共产权事实上已经演变为排除其他成员使用的俱乐部产权。

《商君书》和哈丁的"公地悲剧"是一个静态模型，确定财产权利还涉及动态的收益，即激励所有者将财产进行最优的资源配置。如果财产所有者自己使用其财产，确定财产权有助于激励所有者对财产进行生产、保养和维护；如果别人使用其财产更有效率，确定财产权有助于让财产流转到对它评价更高的人的手中。想想如果出租车司机使用的不是自己的汽车，以及公务用车非财产所有者所有，其折旧会有多快。

二、公还是私？

接下来需要讨论的就是为什么有的财产属于公共所有，有的财产属于私人所有。

经济学中有一个对经济物品的经典分类，即按照是否具有排他性和竞争性分类，如表 2-1 所示。

表 2-1　经济物品的分类

是否具有排他性	是否具有竞争性	
	竞争性	非竞争性
排他性	私人物品	俱乐部物品
非排他性	公共资源	公共物品

关于排他性，前文已有定义，非排他性指的是难以排他。引入成本收益的比较，难以排他指的是排他成本高于经济物品的价值。

竞争性指的是一人使用，其他人就无法使用。如苹果，我吃了你就不能吃。非竞争性则刚好相反，我使用的时候并不影响你同时使用，如我们正在学习的法律经济学知识。非竞争性物品大都是看不见摸不着的物品。看得见摸得着的物品很可能具有竞争性，如苹果；也可能在一定范围内具有非竞争性，如还有空座的电影院。

具有非排他性的物品很难成为私人物品，具有非竞争性的物品由更多人同时使用更有效率。因此，排他性是物品共有还是私有的实证决定因素，竞争性则是物品共有还是私有的规范决定因素。

分类的本意是说明私人物品主要由私人提供，公共物品主要由政府提供。但私人也可以提供公共物品，如烟花，但主要是一些价值较低或者成本较低的公共物品；政府也可以提供私人物品，如国有企业生产的物品。只是由于排他成本比较高，私人提供公共物品的动力不足。基于对公平的考虑，政府会提供正外部性较强的私人物品，如教育、医疗；基于对政治或财政的考虑，政府还有可能提供更多营利或非营利的私人物品。

把表2-1放到对财产公有还是私有的解释上来，私人物品大都属于私人所有，公共物品大都属于公共所有。公共不一定指的是政府，也可以是像小区部分财产一样，由业主共同所有。

正如私人提供公共物品的动力不足一样，如果具有排他性和竞争性的私人物品所有权属于公共所有，比如国家所有，必然产生租值消散，需要有相应的治理机制予以限制。我们是社会主义国家，即生产资料公有制占主体的国家，而生产资料大都属于经济学意义上具有排他性和竞争性的私人物品，实行全民所有或集体所有，必须要有相应的治理机制来阻止其租值消散。改革开放以后的家庭联产承包责任制、土地流转、国有企业的公司治理机制，都是因时因地产生的治理机制①。

三、为什么它属于"你"？

当你一早去图书馆自习，发现人数寥寥，没人的书桌却大都放了一本书，你意识到它被人"占"了，不得不悻悻地离开。你离开是基于你对"先占"规范的尊重。

法律一样尊重先占，因为法律本身就是从社会规范而来的。专利、商标、网址都是"先到者得"。

---

① 当所有者将一些重要的权利让渡出来，比如使用权、收益权、转让权，让渡的时间又足够长，则所有权很可能不再是影响资源配置效率的决定性因素。当代经济学家大多倾向于使用产权概念，而不是所有权概念。

"先占"是针对无主物而言的。它的优点是管理成本低，很容易确认谁是所有者。缺点是可能产生租值消散。如果每个人都有机会成为先占者，争当第一就很重要，争当第一就成了寻租竞赛，目标财产价值没有变化，但只要努力成本小于期望收益，即财产价值乘以先占概率，人们就会付出努力。但是，对社会而言，财产价值减去努力成本后的净值等于零，也就是说租值消散了。如果财产本来就存在，先占的过程就是纯粹的寻租；如果财产最初并不存在，先占的过程也是发现财产的过程，如专利竞赛。所以前者大都受到规制，如我们国家规定地下文物属于国家所有，后者遵循先占更有意义，大都受到一定程度的鼓励。

你的果树结果、牲畜下崽，因为果树、牲畜属于你，所以果、崽也就属于你。法学称之为孳息，经济学称其为连带所有，这种概念形象、直接，更容易理解。类似例子如商标所有者有在互联网域名上使用商标的排他权，版权所有者有将其作品改编为其他传播形式的排他权，公司雇员在工作期间完成的作品属于公司等。但是，土地所有者是否拥有其地下的天然气或石油？河流的所有者是否拥有游动的鱼？这时，连带所有的物品可能流动到别人的领地而被其先占，先占与连带所有形成冲突。如果坚持认定为连带所有，则会产生争议。因此，尽管连带所有避免了竞相先占的投资成本，但它的管理成本较高。当二者冲突时，该怎么办呢？从社会的角度来讲，由于先占的管理成本低，如果避免了其缺点，即不存在竞相先占的租值消散，先占优先；反之，则需要采用连带所有原则，但在归属不清时，需要协商解决。其关系如表2-2所示。

表2-2 租值消散、管理成本与产权形式的关系

管理成本	租值消散情况	
	租值消散不严重	租值消散严重
管理成本低	先占或连带所有	连带所有
管理成本高	先占	协商解决

在著名的马粪案中，拾粪人将拉马车的马沿途拉下的粪便扫成一堆，即宣示先占；马的主人基于连带所有亦声称马粪归其所有。在这里，当法官面临先占与连带所有的冲突时，通常主张先占优先。因为马粪价值较低，寻租竞赛造成的租值消散不严重；马的主人一般来说更富裕，不屑于收集马粪，

属于遗弃,遵循先占原则有助于环境卫生。这里,马的主人突然主张别人已经清扫成堆的马粪为其所有,有可能是与收集马粪者不和,或者是存在机会主义。

在天然气或石油开采的案例中,基于先占原则会促使相邻土地的所有者在自己土地下方不计成本地加快开采速度,开采后又很难搞清楚天然气或石油究竟是自己土地下的还是别人土地下的,作为第三方的法官更难搞清楚。这时,双方协商谈判,相互监督,避免竞相开采,是更好的办法。

在现实中,我们已经是各自财产的所有者,但如何证明你的财产属于你呢?如果是动产,一般来讲,占有即所有,也就是说,占有者就是所有者。如你手中的笔和书。如果某人声称你手中的笔和书是他的,他得拿出证据来。不过,对于不动产,如房子,以及贵重的动产,如汽车,并非占有即所有,否则当你将房屋出租时,房屋承租人就有可能鸠占鹊巢。这时,法律遵循的是"纸上所有权",即谁拥有房产证、行驶证,谁就是所有者。对于贵重物品,"纸上所有权"不仅有助于确定所有者身份,方便交易,还有助于所有者利用所有权证明进行抵押融资。

四、产权的其他理论

我们已经从经济学的角度知道了为什么要确定财产权、如何确定财产权。其他学科也从各自的视角提出了各自的财产权理论。

霍布斯声称,没有财产权利,世界将陷入人与人之间的战争。这其实就是前面"公地悲剧"的另一个版本。考特和尤伦的《法和经济学》将霍布斯的"丛林法则"视为一个参照点,认为丛林里的人必定会展开谈判,减少租值消散。人跟人是不一样的,有的人身强力壮,擅长抢劫,有的人没那么厉害,但擅长生产。后者为避免被前者抢劫,可能需要付出代价贿赂前者。当同时有很多抢劫者与很多生产者时,抢劫者之间会相互竞争,生产者之间会结成联盟以加强防御,最后,抢劫者可能演变为收保护费的保护者,甚至进一步发展为收税的政府。将这个思想模型化,赫舒拉发写出了《力量的阴暗面》,诺思写出了《暴力与社会秩序》,奥尔森写出了《国家兴衰探源》。

当抢劫者或保护者可以肆意掠夺生产者时,生产者是没有安全感的,他将没有动力从事生产。当受到暴力威胁,生产者被迫进行生产时,他可以怠工，更重要的是，他不会发挥其主观能动性来促进生产。巴泽尔声称，人力资本天然地属于私人所有，它的潜能只能激发，不能强迫。由此，即使是奴隶，也可能会有私房钱，甚至能自我赎身。因此，哈耶克认为，私有财产制度有强劲的生命力，是自发演化而成的。有了私有财产，就有了对抗暴力的本钱，财产成了天然的堡垒，成了追求自由的基础。在 20 世纪早期，因为私有财产制度导致财富分配不公，浪漫主义者基于分配公正而将其废除。但在 20 世纪晚期，执政的浪漫主义者又不得不在一定范围内重新承认私有财产制度合法存在。

第二节 自用

财产所有者有权利在不影响别人的情况下自由处置其财产。经济学是研究资源配置的，所有者可能是其财产的最佳使用者，即最有效率的使用者或生产者；也可能不是。如果不是，财产所有者可以将其转让，因为最佳使用者对该财产的评价必定更高。确定产权是交易的前提，有助于将财产转移到对它评价更高的人的手中。

当财产所有者使用自己的财产影响到了他人，用经济学的语言来说，给别人带来了外部性，特别是负外部性，这时自用的自由就会受到限制。所以，自由只能是法律限度内的自由。

如何限制？英国经济学家庇古的想法很直接，财产所有者使用自己的财产影响他人，即给别人带来成本，如果所有者不承担该成本，他的行为必定过度，要想使其收敛，就要对其征税。在边际上，税收的增加刚好等于该行为引起的成本增加。这个想法也符合我们的直觉，因此它统治了经济学界好几十年。直到 1960 年，科斯发表《社会成本问题》一文。更准确来说，是1959 年科斯在《法律经济学》创刊号上发表的《联邦通讯委员会》一文。科斯说，因果关系是相互的，你影响了我，我也影响了你。你不让我损害你，你就损害了我。这一观点听起来很怪异，例如，你抽烟损害了我，我不让你抽烟，就损害了你。在抽烟的例子里，我们似乎不容易接受不让抽烟者抽烟，抽烟者就受到了损害的观点。因为我们内心里认为损害的产生是抽烟者单方面引起的，抽烟者是坏人，不抽烟者是好人。为了排除我们的先入之见，科斯在《联邦通讯委员会》那篇论文里所举的例子是出海渔民使用无线电波与家人联系，由于频率接近，造成相互干扰。在这个例子里，所有人既是加害者，又是受害者，没有好人和坏人之分。

在《社会成本问题》一文里，科斯回到有"好人"和"坏人"之分，"单方面"影响的外部性例子里进一步阐发他的思想。在他虚构的著名的养牛人与庄稼人的例子里，养牛人的牛吃了庄稼人的庄稼，造成了负的外部性。要想不让牛吃庄稼，养牛人可以在其牧场周边安装铁丝网，庄稼人也可以在其庄稼周边安装栅栏。假定庄稼人安装栅栏的成本更低，从社会的角度来讲，由"受害者"——庄稼人自己安装栅栏就是有效率的。但是"受害者"一定会认为：你的牛吃了我的庄稼，还要我掏钱来安装栅栏，明显不合理嘛！养牛人则会说：牛是畜生，它要吃庄稼，我也管不住啊。双方因此争执不休。

下面来看看科斯对此的精彩分析。

一、一阶交易费用

一阶争吵或谈判失败是因为权利没有界定或界定不清。养牛人拥有牧场和牛，庄稼人拥有农场和庄稼，权利是清楚的。因此，养牛人不能去偷庄稼人的庄稼，庄稼人也不能去偷养牛人的牛。但是，养牛人的牛有没有权利吃别人的庄稼，这个权利是不清楚的，法律不会界定这个权利。一方面，这种权利（外部性）是在使用原有财产时衍生出来的，具有不确定性；另一方面，外部性产生后，这种权利界定给谁，没有统一的解决方案，无法事前界定（见后文的分析）。因此，法律是不可能事前界定这个权利的，需要法官在具体场景中去界定权利。我们把它称为"二次确权"[①]。

在法律确权之前，如果养牛人和庄稼人双方都主张自己的权利，养牛人主张我管不了自己的牛（牛有权吃对方的庄稼），庄稼人主张你的牛吃了我的庄稼你得赔（牛无权吃他的庄稼），这两个权利主张是矛盾的，谈判和解很难取得成功。这里的谈判费用，我们姑且称它为一阶交易费用，即权利界

[①] 法官缺乏二次确权的概念，可能会出现错误的裁判。比如"爬虫"软件对别人数据的"爬取"是否属于侵权要视情况而定。

定不清引致的交易费用。它可能非常高，高到双方最后采用霍布斯丛林原则解决问题。如果拳头相向，就产生了新的损失，这也属于一阶交易费用。

二、二阶交易费用

科斯主要不是讨论一阶交易费用，而是着重讨论二阶交易费用，即产权界定以后的交易费用对效率的影响。在分析交易费用的影响之前，科斯先讨论了不存在交易费用的情形，他的结论是如果不存在交易费用，无论把权利界定给养牛人还是庄稼人，结局都是一样的，都能达到有效率的资源配置后果。后人把收入效应加进去，总结为科斯定理：如果没有交易费用，不存在收入效应，产权界定不影响资源配置的效率。

（1）在养牛人和庄稼人的例子里，假定牛造成的庄稼损失为100元，养牛人安装铁丝网的成本为80元，庄稼人安装栅栏的成本为50元。如果把权利界定给庄稼人，养牛人应该约束好自己的牛，但养牛人会安装铁丝网吗？不会。因为他知道庄稼人安装栅栏的成本更低，在交易费用为零的情况下，他会跟庄稼人谈判，让庄稼人安装栅栏，由此节省了30元的成本支出。节省的这笔开支他可以和庄稼人瓜分，具体分多少不是我们这里讨论的主题。假定双方的讨价还价能力是一样的，双方就获得纳什讨价还价解，即各分15元。此时，养牛人给庄稼人65元安装栅栏，庄稼人安装栅栏后还剩15元。养牛人自己安装铁丝网要花费80元，结果付出65元就达到了同样的效果，养牛人也得到了机会收益15元。对于社会而言，也应该由避免外部性成本更低的庄稼人来安装栅栏，因此，这是有效率的资源配置后果。

如果把权利界定给养牛人呢？这时庄稼人为了避免庄稼被吃的损失，就得自己安装栅栏，花费50元。对于社会而言，应该由避免外部性成本更低的庄稼人来安装栅栏，因此，这也是有效率的资源配置后果。

但这两种二次确权，双方的收益是不一样的。有人因此更加富有，有人因此更加贫穷。如果一人喜欢吃肉，一人喜欢吃素，收入效应也会引起资源配置的差异。显然，这不是这里讨论的主题，因此我们假定收入效应也为零。

在交易费用为零的情况下，双方收益及社会收益如表 2-3 所示。

表 2-3　交易费用为零时，双方收益及社会收益

单位：元

权利界定	收益分布		
	养牛人的收益	庄稼人的收益	社会的收益
把权利界定给庄稼人	−65	65−50（15）	100−65+65−50（50）
把权利界定给养牛人	0	−50	100+0−50（50）

如果养牛人安装铁丝网的成本是 50 元，庄稼人安装栅栏的成本是 80 元，对社会而言，就应该由养牛人来安装铁丝网以避免牛吃庄稼。只需要对表 2-3 稍做调整就可以应对这种情况。同样，无论是将权利界定给养牛人还是界定给庄稼人，在不考虑交易费用和收入效应的情况下，最后都能得出由避免损失成本更低的养牛人安装铁丝网的结论。

（2）如果牛吃庄稼导致的损失是 30 元，显然，无论是养牛人安装铁丝网还是庄稼人安装栅栏，都是不合算的。这时，把权利界定给庄稼人，养牛人宁愿赔偿损失，也不会安装铁丝网；把权利界定给养牛人，庄稼人宁愿遭受损失，也不会安装栅栏。对社会而言，损失 30 元，比避免 30 元花费的成本高，放任不管就是最好的解决办法。

（3）现在假定交易费用不为零，比如为 20 元。情况会发生什么变化？

按照最初的数值假定，当庄稼人有权利索赔，且庄稼人避免损失的成本更低时，养牛人会与庄稼人谈判，敦促其安装栅栏。在这个过程中，养牛人还将承担交易费用 20 元。

当把权利界定给养牛人时，庄稼人无权索赔，此时庄稼人会自己主动安装栅栏。交易费用便节约了。

显然，当交易费用不为零时，把权利配置给养牛人更优，如表 2-4 所示。

表 2-4　交易费用为 20 元时各方的收益情况　　单位：元

权利界定	收益分布		
	养牛人的收益	庄稼人的收益	社会的收益
把权利界定给庄稼人	−65−20（−85）	65−50（15）	100−65−20+65−50（30）
把权利界定给养牛人	0	−50	100+0−50（50）

当交易费用进一步上升，比如为 31 元（大于等于 30 元都一样），结论不会改变，即将权利界定给养牛人的社会收益比界定给庄稼人的社会收益更大，如表 2-5 所示。

表 2-5　交易费用大于 30 元时各方的收益情况　　　　单位：元

权利界定	收益分布		
	养牛人的收益	庄稼人的收益	社会的收益
把权利界定给庄稼人	-80	0	100-80+0（20）
把权利界定给养牛人	0	-50	100+0-50（50）

事实上，由于养牛人对牛吃庄稼的权利（外部性）估价是 80 元，庄稼人对牛吃庄稼的权利（外部性）估价是 50 元，在交易费用不为零的情况下，把权利直接配置给估价更高的一方，即养牛人总是更有效率的。因为配置给评价更低的一方，即使达成交易，也会产生交易费用的损失；如果达不成交易，养牛人就不得不自己安装铁丝网了。

（4）回到最初的数值假定，牛造成的庄稼损失为 100 元，养牛人安装铁丝网的成本为 80 元，庄稼人安装栅栏的成本为 50 元，如果双方都做防范，成本更低，比如各出 20 元就可避免 100 元的损失。这时，如果没有交易费用，把权利界定给养牛人，庄稼人会补贴给养牛人 20 元并敦促他与其共同努力避免损失，庄稼人节省了自己安装栅栏的开支 50 元，收益 10 元（50-40）由双方各得一半；如果把权利界定给庄稼人，养牛人会补贴庄稼人 20 元并敦促他与其共同努力避免损失，养牛人节省了自己安装铁丝网的成本 80 元，收益 40 元（80-40）由双方各得一半。结果同样是无论把权利界定给哪一方，最后都是双方共同防范，这是有效率的结果。具体如表 2-6 所示。

表 2-6　交易费用为零时各方的收益情况　　　　单位：元

权利界定	收益分布		
	养牛人的收益	庄稼人的收益	社会的收益
把权利界定给庄稼人	-20-20-20（-60）	-20+20+20（20）	100-40（60）
把权利界定给养牛人	-20+20+5（5）	-20-20-5（-45）	100-40（60）

如果交易费用不为零，当交易费用小于 10 元（比如 9 元）且把权利界定给养牛人时，庄稼人补贴给养牛人 20 元防范支出，自己支付 20 元防范支出和交易费用（如果交易费用由双方共同承担，庄稼人还将补贴养牛人承担的那部分交易费用），较自己建造栅栏节省 1 元，平均分配各得 0.5 元。类似地，当交易费用为 9 元且把权利界定给庄稼人时，养牛人补贴给庄稼人 20 元防范支出，自己支付 20 元防范支出和交易费用（如果交易费用由双方共同承担，养牛人还将补贴庄稼人承担的那部分交易费用），由此节约了自己修建铁丝网的 80 元支出，收益 31 元（80-40-9），平均分配各得 15.5 元。这里得出了在交易费用不为零但较小的情况下，无论把权利界定给谁，都是有效率的结果。具体见表 2-7。

表 2-7　交易费用为 9 元时各方的收益情况　　　　单位：元

权利界定	收益分布		
	养牛人的收益	庄稼人的收益	社会的收益
把权利界定给庄稼人	-20-20-9-15.5（-64.5）	-20+20+15.5（15.5）	100-40-9（51）
把权利界定给养牛人	-20+20+0.5（0.5）	-20-20-9-0.5（-49.5）	100-40-9（51）

如果交易费用大于 10 元且小于 30 元，这时，双方将无法达成交易共同防范，但可以达成交易让庄稼人防范，结果与表 2-4 相同；如果交易费用大于 30 元，结果与表 2-5 相同。同样，两种情况下都把权利直接配置给估价更高的一方即养牛人，总是更有效率的。

不过，如果第三方清楚地知道双方共同防范是最有效率的，且知道双方各自的最优防范措施，这时，可以据此制定过错责任或相对过错责任，敦促双方都采取防范措施。详见第四章侵权法的分析。

三、交易费用的影响因素

交易前、交易中、交易后都有可能产生交易费用。交易前费用主要表现为搜寻费用，交易中费用主要表现为谈判费用，交易后费用主要表现为监督以及处罚费用。根据考特和尤伦的总结，影响交易费用的因素包括商品或服务是否标准化；产权是否清晰；谈判方的数量，彼此熟悉程度、友好程度；即时交易还是跨期交易；跨期交易过程中的不确定性；信息的对称性；监督的难度和处罚的成本等。

标准化的商品有助于降低交易费用，比如书籍、电脑。因此，一些服务行业也试图引入更多的标准。难以标准化的服务，交易费用自然较高。

清晰的产权有助于降低交易费用，主要针对看得见的实物，有明确的界限，比如房屋；但针对那些看不见的物体，如声音、气味，交易费用通常较高。对前者的侵犯被称为非法侵入（trespass），对后者的侵犯则称为妨害（nuisance）。

谈判方少、彼此熟悉、彼此友好有助于降低交易费用；反之，谈判方多，众口难调，彼此不熟悉，不知道对方的底线，情绪不友好，交易费用自然较高。

即时交易，不确定性少，信息对称，交易费用较低；反之，跨期交易，不确定性高，信息不对称，难以监督对方，对方违约也难以受到惩罚，交易费用就较高。

四、二次确权真的有助于交易吗？

相较于不确权，确权真的有助于双方谈判吗？或者说二阶交易费用一定低于一阶交易费用吗？以下详细讨论。

行为经济学里有一个著名的实验：去超市里买价格相同的20支笔和20个杯子，随机分发给学生。但有的学生更需要笔（对笔的估价更高），有的学生更需要杯子（对杯子的估价更高）。假设有一半的概率发错了，得到笔的同学会与得到杯子的同学有一半的概率会发生交易，但事实上交易的发生率远远低于50%。怎么解释这一现象呢？

卡勒曼、尼奇和泰勒引入了禀赋效应（endowment effect）。注意，这里的禀赋效应不是新古典经济学里讲的禀赋效应，即你初始拥有的物品价值对应的收入效应，而是指相当于敝帚自珍的心理感受。当你拥有某个物品的时候，你对它的评价会比不拥有它的时候高，因为拥有它成了参照点，失去它会给你带来痛苦；当你不拥有某个物品的时候，不拥有成了参照点。当你拥有笔的时候别人至少出价多少你才接受（willingness to accept，WTA）交易呢？这一出价通常高于当你不拥有笔时，你最多愿意支付的价格（willingness to pay，WTP）。所以拥有笔的同学会高估笔的价值，低估杯子的价值；拥有杯子的同学会高估杯子的价值，低估笔的价值，结果就是不存在互利的交易区间，二者无法交易。

利用卡勒曼和泰勒的理论，有学者打电话去问法官发布禁令（就是二次确权）后原告和被告是否会通过谈判规避禁令（案例见下文），结果发现几乎不会。禁令成了最终的权利分配，而不是如科斯定理预测的，二次确权如果无效率，在交易费用比较低的情况下，双方会重新谈判以达到有效率的资源配置，如表 2-3、表 2-4 所示。

五、"卡—梅框架理论"：财产规则（property rule）与责任规则（liability rule）

在第一次确权以后，不拥有权利的一方可能直接藐视对方权利的存在，故意毁损、窃取、抢劫对方的财产（trespass）；财产所有者在使用自己财产的时候，可能产生外部性①，此时，二次确权则有存在的必要。二次确权以后，加害者可能受到处罚；或者加害者被要求赔偿受害者的损失。前者被 Calabresi 和 Melamed 称为财产规则，后者被称为责任规则②。财产规则包括物权法里的禁令、排除妨害、消除危险；合同法里的强制履行、返还原物、恢复原状；侵权法里的惩罚性赔偿、行政处罚法里的行政处罚、刑法里的刑事制裁。责任规则包括不当得利、无因管理、过失侵权、征用、紧急避险情况下对受害者的赔偿。注意，在这里，Calabresi 和 Melamed 提出的财产规则试图建立的是一个统一的框架，是一种整体的视角，解释确权以后权利的法律保护，所以物权法、合同法、侵权法、行政处罚法、刑法都被囊括进来了。

法庭什么时候使用财产规则，什么时候使用责任规则呢？答案是交易费用的高低决定了规则的适用，在交易费用低的时候使用财产规则，交易费用高的时候使用责任规则。其原因是交易费用比较低的时候，法庭应该敦促双方谈判、自愿交易，实现更有效率的资源配置。所有规避自愿交易的行为都要受到法律的严厉制裁。这里又分两种情况来理解。一种情况是如果第一次确权是清楚的，则不需要二次确权。加害者觊觎对方财产，通过非自愿的方式掠夺对方，这种纯粹的财富非自愿转移是一种寻租行为。寻租的努力对社会没有贡献，还打击了合法财产拥有者的生产积极性，需要通过严厉处罚来

---

① 大都是产生了具有非竞争性的无形的公害品，经济学上称为 public bads，法学上称为 nuisance。

② CALABRESI G, DOUGLAS M. Property Rules, Liability Rules, and Inalienability：One View of the Cathedral [J]. Harvard Law Review, 1972（85）：1089-1128.

打击规避自愿交易市场的行为。打击盗窃、抢劫，就是打击规避自愿市场交易获取经济物品的行为；打击强奸，就是打击规避婚姻市场获取性的行为。另一种情况是需要二次确权。这时谁是避免负外部性成本最低的一方，法庭可能也不清楚，因此可能犯错误。但当交易费用比较低的时候，即使法庭犯了错误，双方仍可以重新谈判，纠正法庭的错误，实现有效的资源配置，如表2-3、表2-4所示。

当交易费用比较高的时候，双方没法在事前谈判，也就不存在规避自愿交易的问题①。即使第一次确权是清楚的，一方侵犯了另一方的权利，也只能通过赔偿的方式来解决；如果需要二次确权，加害方甚至不需要赔偿，或者只需要承担部分赔偿责任。前者对应第三章侵权法里的单边事故责任，后者对应双边事故责任。

"卡—梅框架理论"看似很完美，但是仍存在一定漏洞。通过对前述表2-4、表2-5的分析可以发现，当存在交易费用的时候，无论交易费用高低，法庭直接将权利配置给对权利评价更高的一方都更有效率。表2-4证明了在交易费用较低的时候，虽然当事人可以重新谈判以纠正法庭的错误确权，但谈判是有成本的，当事人损失了交易费用。表2-5证明当交易费用比较高的时候，当事人无法纠正法庭的错误确权，法庭的确权成为最后的结局。如果引入禀赋效应，即使交易费用比较低，也很难纠正法庭的错误确权。所以，关键在于法庭是否会犯确权错误。排除法官的激励问题，假定法官都是希望最大化社会福利的，法庭犯错与否就仅取决于信息成本的高低。这相当于在交易费用以外引入了第二个维度（见表2-8）。

表2-8　信息成本与法庭确权方式

交易费用	法庭的信息成本	
	高	低
高	责任规则	财产规则（相对大小）/责任规则（一方确切值）
低	财产规则	财产规则（相对大小）/责任规则（一方确切值）

---

① 按照交易费用的定义，一方由于财富约束或支付意愿偏低，导致交易失败，不属于交易费用高导致的情形，而应该属于交易费用较低的情形。

在 Calabresi 和 Melamed 的 "卡—梅框架理论" 发表 50 年后的纪念研讨会上，Kaplow 和 Shavell 引入了前述的信息维度。他们进一步将法庭的信息分为法庭确切地知道其中一方的估价（同时知道双方估价的效果也是一样的）和法庭不知道双方的估价，但知道其相对大小两种情形。

如果确切地知道一方估价，法庭就可以直接对权利定价，促使双方交易，这是责任规则。在养牛人和庄稼人的例子里，养牛人对牛吃庄稼的权利估价为 80 元，如果将权利界定给庄稼人，养牛人可以花费 80 元来避免责任；庄稼人对牛吃庄稼的权利估价为 50 元，如果将权利界定给养牛人，庄稼人愿意花费 50 元来避免责任。如果法官确切地知道养牛人对权利的估价是 80 元，但不知道庄稼人的估价，他就可以要求庄稼人来购买该权利，即把权利界定给养牛人，庄稼人要想自己的庄稼不被吃，则需要赔偿养牛人。当然，庄稼人不会赔偿，因为他可以花费更少的 50 元来安装栅栏就可以避免庄稼被吃，而不是花费 80 元去补偿对方，让对方安装铁丝网。如果法庭确切地知道庄稼人对权利的估价是 50 元，但不知道养牛人的估价，法庭可以将权利界定给庄稼人，让养牛人来选择是否购买该权利。由于养牛人估价更高，他则可能选择购买权利，即赔偿庄稼人，但赔偿金额不是 100 元，而是 50 元，只要赔偿金额大于等于 50 元，庄稼人将选择安装栅栏，而不是等待牛吃庄稼后索赔，这正是从效率角度要求的结果。因此，法庭如果知道一方对权利估价的确切值，就可以将权利配置给另一方，让另一方来权衡是否购买该权利，这样就能达到有效率的资源配置后果。

如果法庭不知道权利的确切值，仅知道权利的相对大小——这是更有可能出现的情况。这时，最好的办法就是法庭直接将权利配置给对权利评价更高的那一方，并施以财产规则。此时，由于另一方估价更低，双方不会再谈判交易，也就节约了交易费用。由于养牛人估价为 80 元，庄稼人估价为 50 元，我们应该把权利界定给养牛人。责任自负将倒逼庄稼人在遭受 100 元损失和花费 50 元安装栅栏之间选择，最后庄稼人将选择安装栅栏。

注意，当法庭拥有信息优势时，在规则适用的选择中，交易费用就完全失去了作用。

六、让 "受害者" 赔偿 "加害者" ？

值得注意的是，前述分析在财产规则（二次确权将权利配置给谁）和责任规则（二次确权将权利配置给谁、谁赔偿谁）的分析上是对称的。我们一直坚持科斯的思路，平等对待"加害者"和"受害者"，因为在科斯的眼里其实是没有"加害者"和"受害者"之分的，所以这里的"受害者""加害者"加了引号。可能的情形见表2-9。

表2-9　权利配置的可能结果

适用规则	权利配置	
	把权利配置给庄稼人	把权利配置给养牛人
财产规则	养牛人遭到禁令	庄稼人责任自负，无救济
责任规则	养牛人赔偿给庄稼人	庄稼人赔偿给养牛人

但是，在现实中，最后一种情况，即庄稼人作为"受害者"而赔偿给作为"加害者"的养牛人的情形是罕见的。我们似乎只在战败国赔偿战胜国的丛林法则中见到过。为什么呢？因为如果让被动的"受害者"赔偿主动制造麻烦的"加害者"，很容易产生讹诈的现象。另一个有趣的例子是成都人在夏秋傍晚常常邀请几个朋友吃冷淡杯，也就是一边喝着冰冻啤酒吃着凉菜一边侃大山，这时突然冒出一个衣着邋遢的男人（歌唱者）来到桌前用难听的嗓音为你们"助兴"，你不给小费他就一直唱下去，给了小费他就到另一桌去骚扰其他客人，"强要"服务小费，形成"讹诈"。

在庄稼人赔偿养牛人的例子中，法庭确切地知道养牛人对权利的估价，此时庄稼人赔偿的是权利估价，而不是实际损失，这在现实中是找不到对应情形的。权利估价或者是一种主观估价，或者是众多备选项中成本最低的一种（假定养牛人和庄稼人其实还有很多解决牛吃庄稼问题的选择）。因此，法庭确切地知道一方估价的可能性很低，前述对信息的两种分类就成了纯理论分析。现实的情形是，如果法庭的信息成本较低，法庭仅知道双方估价的相对大小，这时直接把权利界定给估价更高的一方，即可适用财产规则。在歌唱者骚扰成都人吃冷淡杯的例子中，吃冷淡杯的人对避免噪音的估价显然高于歌唱者，法庭则可直接把权利界定给吃客。忽略表2-6中法庭知道一方确切估值的情形，如果法庭的信息成本较低，即法庭知道估价的相对大小，也可以适用财产规则的情况。在法庭的信息成本较高的情况下，责任规则的赔偿标准并不是权利估价，而是"受害者"遭受的损失，这时权利事实上已经界定给了"受害者"，也就不存在讹诈的情况了。这也符合我们对正义的朴素理解。

七、规制的兴起

如果外部性涉及众多主体，这时的外部性则被称为公害，比如环境污染，由于谈判主体越多，众口难调，交易费用很高。在法庭的信息成本比较高的情况下，应该适用责任规则，让污染者赔偿给受害者。不过，在现实中，我们更多见到的是污染者受到规制，而不是赔偿。这又是为什么呢？

Behrer 等人对规制国家的兴起给出了一个解释，那就是法庭的判决容易被强势的被告推翻[①]。在他们最初的逻辑里，推翻法庭判决可能是受地方豪强的贿赂、政治等的影响；在结合财产规则和责任规则的分析以后，他们的逻辑是：受害者受到侵害是毋庸置疑的（indisputable），受害者受到的损害的大小却是有争议的（disputable），因为健康损害、精神损害常常是难以估价的。这时，强势的被告就有机可乘，可能利用各种手段促使法庭做出偏向于自己的选择，导致赔偿过低。而赔偿过低，就达不到通过责任规则促进有效率资源配置的后果。这时，事前的行为规制可能更有效。

不过，进行事前行为规制的前提是规制者知道最优排污标准在哪里，知道如何最有效地实现最优排污标准。但是减少排污的技术或成本是动态变化的，不同的企业排污技术或成本也是不一样的，这使得简单的行政管制通常是低效率的。

无论企业减少排污的成本是多少，所有企业排出的相同污染（废气、废水等）给社会带来的成本是相同的，它们都应该支付相同的代价，如果这个代价是确定的，就可以通过征税来解决。当污染的社会成本未知，但知道对社会而言可持续发展能够承受的污染总量，那么就可以给相关污染排放企业发放排污许可，即使有的企业获得了过多排污许可，有的企业获得了过少排污许可，只要允许企业互相就排污许可进行交易，初始的排污许可就不会影响最终的有效率的排污许可配置。排污成本较低但排污许可过多的企业可以卖出部分排污许可，排污成本较高但排污许可过少的企业可以买进更多的排污许可，排污许可价格可以进行调整，直到企业之间的排污成本相同。

---

① BEHRER A PATRICK, EDWARD L G, GIACOMO A M P, et al. Securing Property Rights ［R］. NBER Working Papers，2020.

八、我们应该禁售震楼器吗？

2016 年，上海浦东新区一栋居民楼 502 住户因为楼上 602 住户阳台水管老化漏水影响到自己，沟通未果，反目成仇。2017 年，楼下的 502 住户开始安装震楼器，通过发出噪音来报复 602 住户。媒体报道此事后，人们对震楼器褒贬不一，有的人认为这种相互伤害的工具本身就不应该生产出来，应该宣布其违法；而曾经有过类似经历的楼下住户，则大都认为震楼器的确能解决部分问题。

邻里之间的纠纷本应协商解决，属于交易费用比较低的情况，即使确权错误，双方也可谈判规避。但现实是楼上住户可能傲慢地拒绝谈判，完全无视楼下住户的权益。比如噪音骚扰之类的纠纷，即使第三方介入，也不可能随时在噪音发生的时候立即介入，介入以后反而可能进一步加剧双方抵触情绪，给谈判增加困难。受害者也很难拿出证据证明噪音发生的时间，因为噪音时有时无；受到的伤害有多大，也很难证明。正是在这种背景下，震楼器出现了。

震楼器是在二次确权以后，无论是财产规则还是责任规则均告失败的情况下，私力救济的结果。它使得楼下具有了与楼上谈判的筹码，从此楼上楼下成了可以以眼还眼、以牙还牙（tit-for-tat）的"囚徒困境"重复博弈方。阿克塞尔罗德用实验证明了针锋相对策略，即简单地重复对手在上一期的策略选择，更有可能在重复的"囚徒困境"中获胜。针锋相对成为重复博弈中双方合作，破解"囚徒困境"的策略选择。

上海震楼器事件比较特殊，相关报道中说楼下 502 住户将其妻子离家归咎于 602 住户，使得和解成为不可能。在正常情况下，楼上楼下最后都会偃旗息鼓，因为故意用噪音骚扰对方，自己也会受到骚扰，其他住户也可能受到骚扰。

必须指出的是，报复只能是穷尽其他方法以后仍无法解决问题的最后手段，它更多的是作为威慑，而不能随意实施。因为报复可能加深仇恨，使冲突升级，增加交易费用，导致问题反而可能更加无法解决。有一次我上完课开车回到小区，发现我的私家车位被别的车占用了，我就将车堵在了它的前面，然后给物管打电话。物管马上派人过来，说我虽然堵住了它，但也占用了公用车道，随后工作人员引导我将车暂时停到物管安排的位置，然后他将对方车锁住，由物管收取类似违章停车的费用，然后转交给我。我对物管的安排和处理都非常满意，以后再也没有发生过这种事情。张维迎甚至举了一个更妙的例子：甲的苹果树离甲家较远，离乙家更近，很难防止乙偷摘甲的苹果。因此，甲每次摘苹果时都送一筐苹果给乙，既增加了邻里感情，也防止了乙偷摘苹果时甲不仅损失了苹果，还有可能损失了苹果树①。

九、没有特定"受害者"的外部性

前面讨论外部性时都是有明确的"加害者"和"受害者"的，但有的外部性是没有明确的"受害者"的。比如自愿的非法交易、"黄赌毒"、人体器官买卖等违法现象。反对它们的一个理由是它们冒犯了主流的价值观，大多数人并不愿意看到有人深陷"黄赌毒"不能自拔，或者为生活所困卖身为奴，或变卖自己的器官。人们常常是在遭遇了生活的巨大挫折后，在绝望中做了这种目光短浅的非理性选择。但等到挫折过去，上瘾物品却使人难以抽身，后患无穷。将它们非法化是一种父爱主义，有助于人们度过艰难时刻。

不过，对于上述论点是有争议的。不少经济学家提醒我们不能只要看到某件事情有好处就去实施，还需要留意它的成本；即使将某件有益的事情作为目标，达到该目标也还有各种手段，我们应该选择最佳的手段去实现它。将"黄赌毒"非法化的后果是黑市兴起，交易物品价格高昂，质量低下，而且非法运作还会滋生暴力、黑社会。进一步，贝克尔和墨菲以毒品为例，证明了即使我们以禁毒为目标，征收重税的方式也要比直接宣布其非法，对其严厉打击的方式效果更好、成本更低。由于等待器官移植的病人过多，而器官捐赠过少，罗斯（Roth）建议在器官移植市场上适当引入捐赠匹配市场。比如 A 试图捐赠给 B，A 和 B 的器官却不匹配；C 试图捐赠给 D，C 和 D 的器官也不匹配。但 A 和 D 匹配、C 和 B 匹配，那么 A 和 C 就可以进行交易。

---

① 这里，乙在法律阙如的情况下，有了吴思所说的"合法伤害权"的味道，甲不得不贿赂乙以求自保。

第三节　他用

一、自愿交易的确认

所有者不一定是财产的最佳使用者，或对财产评价最高的人，有效率的使用要求该财产流转到对它评价更高、使用更有效率的人的手中。一般来讲，确权有助于从一阶交易费用过渡到二阶交易费用，从而促进交易。秘鲁经济学家德·索托在《资本的秘密》中讨论了秘鲁贫穷的原因主要是大量财产得不到合法承认，也就无法交易，更不具备抵押融资功能。

法律对交易的帮助主要是通过合同法来进行的。财产法对交易的帮助主要在于对财产流转的确认。甲从乙那里购买了财产，过段时间乙再次主张财产是他的，声称甲偷了他的财产，或者丙主张乙卖的是赃物，他才是财产的真正所有者，这会给交易带来很大困难。所以首先需要证明交易的真实发生。

甲要证明交易的真实发生有两种办法：其一，提供书面合同或第三方证人在场证明；其二，提供不动产过户登记凭证。不动产的注册制或对纸上所有权的承认，不仅方便了买卖的确认，打击了偷盗，还增加了抵押融资的功能，甚至方便了课税。这正是德·索托强调的政府对财产进行合法承认的功能。

如果丙主张甲、乙买卖的经济物品是赃物，他才是真正的所有者，这时，法律应该将该财产界定给丙（原所有者）还是界定给甲（善意取得者）呢？界定给甲的好处是有利于交易的确定性，坏处是鼓励偷盗；界定给丙的好处则刚好相反。此时，选择原所有者所有还是善意取得者所有取决于买者核实该物是否为赃物的成本与原所有者防范财产被盗的成本的高低。在现实中，法庭似乎难以比较二者，不过对于价格明显低于市价的交易，我们很难认为买家是善意的。而且对于商家而不是自然人，更难适用善意取得制度，因为如果商家可以通过善意取得，更有可能催生一个赃物买卖市场。

二、征用（eminent domain）

财产共有会导致"公地悲剧"（commons），但财产私有也有可能导致"反公地悲剧"（anticommons）。"反公地悲剧"是黑勒研究俄罗斯进行私有化改革后，由于财产被碎片化，导致相应财产得不到有效利用的现象。由于财产的排他性特征，财产分属于不同所有者所有，要使财产整体使用效率更高，就不得不征得全部所有者同意，然而一致同意的交易费用会很高，因为每个人都有动力成为"钉子户"（hold out），从而分到更大的"蛋糕"。

为了深刻理解"钉子户"带来的困难，这里引入一个假想的例子。假定修一条路需要经过 A、B、C、D、E 的土地，需经过 A、B、C、D、E 土地的主人一致同意后统一征用土地修路。修这条路带来的利润为 10 000 元，现在 A、B、C、D 同意在各自分得利润的五分之一（每户 2 000 元）的情况下转让土地使用权，请问 E 最高可以索要多少钱才愿意签字同意？答案是 2 000 元吗？不是，是 9 999 元（极限的情况下就是 10 000 元）！因为如果你支付了 A、B、C、D 各 2 000 元，总共支付了 8 000 元，如果 E 不同意，8 000 元就打水漂了；但如果支付给 E 9 999 元，E 同意了，你可以获得利润 10 000 元，这时你总的亏损变为 7 999 元（10 000-9 999+8 000），而不是 E 不同意的情况下的 8 000 元。但是，如果你事前知道"钉子户"会这么"钉"，你也许一开始就会放弃这一项目。理解了"钉子户"案例，你就能够理解为什么我们国家搞城市化很容易，搞棚户区改造却很难，因为把农村土地转为城市土地的谈判对象是村集体，而棚户区改造的谈判对象是一个又一个住户。

解决"反公地悲剧"问题的办法是征用，即通过国家强制的办法将私有财产收归国有。不过，如果免费征用，就难以知道征用的使用价值是否大于征用前的使用价值了，所以征用必须以合理补偿（just compensation）为前提[①]。何为"合理补偿"？如果被征用物品存在一个市场定价，这个问题就很好办；如果被征用物品不存在公允的市场定价，比如所有者对财产有主观的情感，该财产是特定物，合理补偿就不容易了。这时，误差是难免的，关键是如何减少误差，通常的办法是在合理市场定价之上加上一定比例的溢价。

法律对征用的限制除了合理补偿以外还有公共用途（public use）的限

---

① 这其实是交易费用较高的情形下的责任规则。

制。但何为公共用途？修桥修路的基础设施建设算公共用途，投资建厂或者开发房地产算不算公共用途呢？它们都可能增加了原有财产的利用价值。公共用途属性可能是连续的，而不是非此即彼的。这时，合适的办法是对合理补偿的溢价进行调整，公共用途属性越强，财产的整合使用不仅带来直接的利润，还可能有强烈的正外部性，这时可以将补偿调整为没有溢价；公共用途属性越弱，则需要越高的溢价，以防止不当的财产转移和利用。

第四节　应用

前面三节建立了一个分析框架，接下来我们将它应用到保护知识产权实务中。知识产权主要包括专利、著作权、商业秘密和商标。商标的经济学意义特殊一些，需要单独讲。除非特别说明，下文的知识产权只包括专利、著作权和商业秘密。

与普通财产不同，知识产权最大的特殊性在于它的非竞争性。对于具有非竞争性的经济物品，越多的人使用自然越好，但前提是有人愿意生产。因此，我们面临对激励创新与激励传播的权衡。

由于具有非竞争性，"公地悲剧"问题对于知识产权就不适用了。共同所有只会导致知识产权的使用效率更高，而不会形成"公地悲剧"。但是生产知识产权是有成本的，如果其他人可以免费使用——经济学称之为"搭便车"（free rider），使得生产者不能获利，生产者的生产积极性就会下降。例如，假定特效药的生产配方需要花费固定成本100万元，生产每一粒药丸的变动成本为1元，市场需求为100万粒，那么为收回成本，则需要将每一粒药丸定价为2元。但是"搭便车"者只需要支付变动成本1元即可，此时它的售价自然会更低。如果病人选择低价药，那么特效药在一开始就不会被生产出来。因此，设立知识产权的目的在于激励创新[①]。

同样，基于非竞争性，对于社会而言，设立知识产权以后，越多的人使用越好。而所有者具有排他的权利，其他人要想使用该知识产权，就需要征得其同意。一般来说，同意的前提就是支付一个特许费（license）。一定程

---

① 即财产法的第二个原因，动态上激励生产。

度上可以把所有者视为一个垄断者，因此，设立知识产权的成本就是垄断者设立垄断价格引起的净损失（deadweight loss）①。

不仅如此，由于创新大都是站在"巨人"的肩膀上的结果，知识产权使得二次创新者必须征得初始创新者的同意，同意定价（特许费），定价就会产生交易费用。当二次创新者需要站在许多"巨人"的肩膀上，他就得征得这些"巨人"的同意，比如一个智能手机生产厂商不得不征得成千上万的专利持有者的同意才能生产手机，"反公地悲剧"就产生了，这会引致巨大的交易费用。上游的知识产权所有者可以垄断定价造成净损失，下游的二次创新者又成为新的垄断者，又可以垄断定价造成净损失，这种垄断链层层加价造成的净损失，经济学上称为"双重边际"（double marginalization），即上下游厂商都按照边际原则定价造成净损失进一步增大。

因此，设立知识产权既要考虑有收益（激励创新），又要考虑有成本（垄断以及垄断链定价带来的净损失增大，交易费用以及"反公地悲剧"带来交易费用的增大），需要在二者之间进行权衡。最佳的激励是在保证生产者的利润大于等于零的前提下最小化垄断所带来的净损失和交易费用之和。极端的情况是：如果设立知识产权的成本大于收益，甚至需要去产权化，则可以否认知识产权的存在。

一、高度（height）

为了减少设立知识产权带来的成本，需要对知识产权的成立设置一个门槛。为了与下面的长度和宽度对应，方便理解，这里将设立知识产权的门槛称为高度。专利需要注册申请，注册申请会产生一定费用，如律师费、申请费等，还需要投入一些时间和精力；同时，为了避免抢注专利以后专利持有者又不使用该专利，导致专利虚置的情况，知识产权局设置了续期费，即每年要缴纳一定费用以保持专利的持续存活。不过，著作权却不需要设置上述费用。为什么呢？因为门槛费意味着申请者是否申请专利会以私人价值与门槛费做比较，但对社会而言，却是将社会价值与社会成本做比较。如表2-10所示，设立门槛费不会阻止具有高社会价值的专利，却会阻止低社会价值的作品，因为不存在同时具有低私人价值又具有高社会价值的专利。

---

① 垄断者通过降低产量、抬高价格，选择边际收益等于边际成本以获得垄断利润，这部分垄断利润是消费者剩余转移而来的。但降低那部分产量，消费者的边际支付意愿大于垄断者的边际成本，这部分损失的消费者剩余，垄断者并没有得到，经济学称为净损失。对于已有的知识产权，所有者的边际成本是零，因此，任何高于零的价格，导致其他人减少对其的使用都是净损失。

表 2-10　申请专利设置门槛费的作用

私人价值	社会价值	
	高社会价值	低社会价值
高私人价值	突破性的专利；成功的商业电影、畅销书	策略性专利（blocking patent）；有效但已不新颖的专利；无著作权例子
低私人价值	无专利例子；低保护的作品如教材、学术作品	专利丛林中的小发明（nuisance patent）；一些自媒体作品

审批者是否批准认可专利还有一定的标准，这个标准包括实用性（utility）、新颖性（novelty）和非显而易见性（nonobviousness）。实用性是为了排除基础研究，延迟可能获得专利的时间，限制那些策略性的专利行为，以避免过早设立专利引致巨额交易费用[①]。新颖性要求检索专利申请是否与现有技术重复以避免浪费型重复。非显而易见性，从文义上解释，与新颖性类似，如果既实用又显而易见，为什么没有人发现呢？可能是因为一个外生的冲击，使它有价值了，这时就可能同时被许多可以利用它的人发现，因为无须太大成本，就没必要对最先发现者赋予独占权利，避免了专利竞赛。比如互联网出现以后产生了一些商业模式，如果把这些商业模式也认可为专利，则会产生较大争议。

二、长度（length）

根据国际的 TRIPS（Agreement on Trade-Related Aspects of Intellectual Property）协议，专利和著作权都不是永久性的。专利的期限是 20 年，著作权的期限是作者有生之年及其死亡后 50 年，如果著作权的所有者为企业，总共为 50 年。为什么著作权的持续时间更长，现实的原因是迪士尼为了延迟唐老鸭和米老鼠的著作权期限，通过游说的方式修改了法律。但即使是在修改以前，著作权的期限也长于专利，这是为什么？

让我们做个简单的测算[②]。假定利率 10%，20 年内可获得不变收入流，

[①] 基础研究主要受政府和商业捐赠资助，研究者的动力还来自非金钱激励。

[②] 假定每年收入恒定不变为 c，利率为 r，则永久性收入流的贴现值为 $\sum_{i=1}^{\infty} \frac{C}{(1+r)^i} = \frac{c}{r}$，$n$ 年不变收入流的贴现值为 $\sum_{i=1}^{n} \frac{C}{(1+r)^i} = c\left(\frac{1-(1+r)^{-n}}{r}\right)$。当 $r = 10\%$，$n = 20$，二者的比例为 $1 - (1+0.1)^{-20} = 0.851\,36$。$n = 90$，二者的比例为 $1 - (1+0.1)^{-90} = 0.999\,81$。考虑折旧率 6%，20 年保护期占永久收入流的比例为 $1 - (1+0.16)^{-20} = 0.948\,64$。

将是永久性收入流的 85%。90 年（40 岁获得著作权，80 岁死亡）是 99.981%。考虑到折旧率，假定平均折旧率是 6%，则 20 年保护期将产生近乎 95% 的价值。专利的期限比著作权短，一个很重要的原因是技术的飞速发展使得专利折旧很快，大部分专利不到 20 年就已经自动失效了。

三、宽度（breadth）

宽度指的是知识产权的保护范围。宽度越宽，非专利持有者就越有可能被认定为侵权。长度是统一规定的，宽度却无法在立法中统一规定，主要由法官自由裁量，因此，它往往是诉讼的焦点。宽度又可分为前向宽度（leading breadth）和后向宽度（lagging breadth），前向宽度针对的是二次创新，后向宽度针对的是直接的模仿。直接的模仿、抄袭是比较容易认定的；但二次创新，即在原有创新基础上的改进，其抄袭程度的界定则不容易认定。这要取决于改进的程度究竟有多大。与专利相关的司法原则叫等同原则（doctrine of equivalents），与著作权相关的司法原则叫合理使用（fair use）。

四、异质性

长度的立法规定是统一的，宽度则由法庭自由裁量。那么，法庭自由裁量的依据是什么呢？有了前面的成本收益分析，需要明确的是法庭需要保护知识产权，但要慎重。保护知识产权的目的是在保证生产创新激励的前提下最小化知识产权带来的成本，而不是一味地保护所有者的利益。

首先，有的知识产权不仅不应该保护，还应取缔，即去产权化，原因是知识产权管理部门可能错误地授予了专利。面对成千上万的专利申请者，知识产权管理部门的工作人员犯错误并不是什么新鲜的事。例如，美国为了纠正专利商标局（Patent and Trademark Office）的错误，在药品领域鼓励采用私力救济，如在哈奇—韦克斯曼修正案（Hatch-Waxman Act）中，挑战者（仿制药生产者）如果挑战成功，将获得对该专利 180 天的垄断权，180 天结束以后专利彻底失效，所有人都可自由生产。美国将二次审查的权限交给了法庭，法庭审判后可以宣布专利无效。我国二次审查的权限仍归知识产权局，诉讼中的非专利持有者可以申请行政复议。

其次，对于需要保护的知识产权，法庭也需要区别对待，给予不同的保护力度。最需要保护的是那些发明成本很高，但模仿成本很低的专利或版权作品，它们最容易被"搭便车"者使用。按照发明成本和模仿成本两个维度，形成四种组合，见表 2-11。

表 2-11　知识产权保护的判断标准

模仿成本	发明成本	
	发明成本高	发明成本低
模仿成本高	需要保护：芯片、半导体、艺术作品	不需要保护：现场表演
模仿成本低	最需要保护：药品、电影	不应该保护：商业模式、小游戏、小软件、短视频

有的作品即使模仿成本很低，但如果它有先动优势（first mover advantage）[1]，或者网络效应（network effect）[2]，甚至二者叠加[3]，即使法律给予较低的保护，发明者仍能因此获益，从而激励生产。

有的发明者或著作权人主要的获利手段不是发明或著作本身，而是它们给他带来的声誉，这时需要重点保护的就不是版权费、专利许可费，而是署名权。比如高校教师、科研机构的学术作品和专利，它主要是一些商业性不强，接近基础研究，受到政府资助的项目。最近一个很有意思的案例引发了社会的广泛关注。中南财经政法大学退休教授赵某某状告中国知网侵权获得胜诉，中国知网在赔偿赵某某 70 多万元后将其作品下架。赵某某称中国知网未获其授权，下载自己的作品的用户需向中国知网支付高昂的费用。按照这里建立的法律经济学的框架，中国知网作为平台公司，不可能从每个作者那里获得授权，因为这会面临"反公地悲剧"问题，所以它通常从论文发表的出版单位处获得著作权的授权。一般来说，作者发表论文时出版单位会向作者要求专享或共享论文的版权。去商店购买自己写的书需要支付费用是很正常的，费用过高是反垄断问题，而不是著作权问题。中国知网等平台的出现，极大地降低了作品的传播成本，这是其存在的主要原因。

五、商标

商标的经济学原理与其他知识产权的经济学原理存在显著差异。商标是

---

① 先动优势指的是消费者可能缺乏耐心，想尽早一饱眼福或者口福等，或者有一定学习成本，一旦选择就不愿意转移到后来的其他厂商那里，前者如电影，后者如 office 操作系统。
② 网络效应指的是越多的人使用，使用者的效用越高，如电话、微信。
③ 如 windows 系统。

生产者的一种识别标志，便于消费者辨认，从而节约搜寻费用。消费者努力辨认商标的原因在于不同厂商生产的产品的质量是不一样的，而消费者处于信息劣势地位，通过商标，生产者可以建立起高质量的声誉，从而有利于产品销售。商标的模仿成本相对较低，但建立声誉的投入成本可能非常高。判断商标侵权的一个关键因素是消费者是否会产生混淆。

按照表 2-11 的分析，声誉越高的商标，其背后的投入也越大，就越需要强有力的保护。例如全国乃至世界知名商标不仅在不同地区不能有相同的商标出现，甚至在生产者所属行业之外的其他领域也不能出现该商标，比如不应有使用华为商标的酒店。尽管华为并不涉足酒店业，但消费者看到华为酒店标志，很有可能误认为它是华为开设的。但是一些知名度较低的小的品牌商标却有可能在不同地区、不同行业同时出现，这就如同普通人的人名经常重复，但通常不会引起困扰一样。

对于某些奢侈品牌来说，商标不仅意味着高质量，还象征着消费者的身份和地位，在这种情况下，侵权的形式或目的不仅包括仿冒，还可能包括商标的淡化甚至污名化。

六、诉讼及赔偿

诉讼是财产权利最后的保护手段。由于知识产权看不见摸不着，当一个生产者，比如智能手机生产者，面对无数的知识产权所有人——学者称为知识产权丛林（intellectual property thickets），最佳的策略往往不是去和知识产权所有者逐一谈判，而是选择"鸵鸟策略"，即直接生产，等待可能的法律诉讼。

通过成本高昂的诉讼方式来主张权利对于单个知识产权所有者来说可能是得不偿失的，可能的情况下，同类专利会组成专利池（patent pool），如音乐人组成中国音乐著作权协会，打包授权、打包收费。专利池中的专利可能是互补的，也有可能是替代的。互补的专利构成专利池有助于避免双重边际或层层加价，而替代的专利则有可能构成专利池搭售，违反反垄断法。由于每个专利都有差异，很难说专利之间是完全互补或完全替代的，这给法官事后判断是好的专利池还是差的专利池带来了难度。Tirole 和 Lerner 建议强制专利池持有者同时提供单独许可和捆绑许可，并且专利池的捆绑价格等于单独许可价格之和。这种捆绑许可对于替代型专利其实并非真正的捆绑，甚至应该称为非捆绑（unbundling）。单独许可有助于鼓励替代型专利持有者相互竞争，而对于捆绑价格之和等于单独许可价格之和的非捆绑规定则有助于防止替代型专利持有者仅在单独许可时形成默示合谋，同时又对互补型专利持有者没有影响。比如有五个专利 A、B、C、D、E，其中 C 和 D 是替代的，其他专利之间是互补的。这时专利持有者很可能将五个专利形成一个专利池，而购买者只需要 C 和 D 专利的其中一个。如果要求专利持有者同时提供 ABCDE 专利池组合和单独的 A、B、C、D、E，且专利池价格等于分开的价格之和，购买者就只会分别购买 A、B、C、E 或 A、B、D、E，或者 ABCE 组合、ABDE 组合。这使得搭售不再可能，C 和 D 形成激烈竞争关系。

当知识产权所有人真的发现自己被侵权以后，他是否会起诉对方呢？不一定。因为诉讼成本高昂，只有在期望收益大于诉讼成本时起诉才是理性选择。一般来说，一方拥有专利，很可能起诉生产但没有专利的企业；但如果他自己也生产，各自都有一些核心技术，双方都可能使用了对方的专利，这时要么双方事前交叉授权（cross licensing），在没有吃大亏的情况下要么事后放弃相互起诉。这就如同邻里之间产生纠纷后相互谅解一样。

当法庭收到来自知识产权所有者的起诉以后，法庭应该如何处理？前面在介绍宽度的时候已有涉及，其基本原则是在牢记知识产权保护的原则是激励创新的前提下最小化知识产权带来的垄断净损失和交易费用之和。与前面对财产法的分析一样，第一步是二次确权，它涉及对侵权是否存在的认定。这里的二次确权首先是对第一次确权可能发生错误的纠正。在我国，法庭没有纠正这个错误的权利，需要知识产权局进行行政复议，但是法庭应该意识到这个问题的存在。其次法庭还需要区分前向宽度和后向宽度，因为前向宽度的侵权者对技术进步是有贡献的。最后法庭还需关注对策略性专利特别是针对专利蟑螂（patent troll）、版权蟑螂（copyright troll）提起的索赔主张更应慎重①。第二步是在二次确权以后，法庭需要识别侵权是在交易费用高还是低的情况下发生的，根据前述对"卡—梅框架理论"的分析，需要分别适用责任规则和财产规则。在知识产权丛林背景下，侵权人面对无数的知识产权所有人，难以发现所有知识产权所有人并一一进行谈判，交易费用很

---

① "专利蟑螂"和"版权蟑螂"是利用真正的所有权人自觉价值较小而没有注册，顶替注册后规模化地索赔。法庭难以识别真正的所有权人，但有时会被真正的所有权人发现。有学者主张这种情况宜引入棒球运动中"三振出局"规则，即连续发现三次恶意索赔情况，即永久性取消其起诉资格。"版权蟑螂"在中国进入公众视野是"视觉中国"的"黑洞照片"事件。

高，此时应适用责任规则，即赔偿或补偿对方应得的许可费。反之，如果侵权人在交易费用很低的情况下故意侵权，则适用财产规则，即实施惩罚性赔偿。在这种情况下，一般不适用禁令，因为禁令有可能导致侵权者无法继续生产，从而造成社会资源的浪费。

第五节 中国特色的产权问题

社会主义国家的理论基础之一是消灭私有制。为实现这一目标，在中华人民共和国成立初期，国家通过没收和赎买的方式一度将几乎所有生产资料甚至大部分生活资料化私为公，但由于人力资本只能激励无法强迫，这种模式很快导致了经济困难。改革开放以后，我们经历了一场以"实践是检验真理的唯一标准"为主题的大讨论。在这一过程中，我们坚持公有制经济的主体地位，同时认可了家庭联产承包责任制，民营经济从无到有，从最初的"社会主义公有制经济的补充"，逐步发展成为"社会主义市场经济的重要组成部分"。

一、土地产权[①]

在中国的传统乡土社会中，农地私有，家庭农业以自耕农和佃农为主。中华人民共和国成立后，国家实行了独特的农村土地集体所有制度。国家通过人民公社、生产大队、生产小队三级组织对农村实行全面控制。尽管土地名义上属于集体所有，但集体实际上并不享有作物种植的选择权，收益权也因国家实行农产品统购统销而受到限制。20 世纪 70 年代末 80 年代初，经过基层创新和顶层支持，形成了一种被广泛接受的农地集体所有的家庭承包经营制度。这种制度在坚持土地集体所有制的同时，确立了集体与农户之间是一种发包和承包的关系。农户在完成国家征购任务和集体义务的前提下，取代生产队成为生产决策主体，并获得土地的剩余索取权，即"交够国家的，留足集体的，剩下都是自己的"。这种剩余索取权极大地激发了农民的

---

① 这部分内容主要参考：刘守英. 土地制度与中国发展［M］. 北京：中国人民大学出版社，2018.

生产积极性，解决了农民的温饱问题。但承包制也存在两个潜在的问题，为后续改革埋下了伏笔。第一，集体所有权实质上是一种成员权，成员有权以集体成员身份平均分配集体土地和资产。但随着人口的增减，土地需要不断调整，这给农民带来了预期的不稳定性。为了稳定农民对土地承包权利的预期，土地承包期从1984年的15年延长到第二轮延包时的30年。2002年，《中华人民共和国农村土地承包法》规定，承包期内，发包方不得调整承包地，即"增人不增地、减人不减地"。《中华人民共和国物权法》也将土地承包权作为一种特殊的用益物权，保障其不受其他主体干预。随着粮食征购任务和集体义务的降低乃至解除，土地承包合约的条件也发生了变化。自2006年1月1日起，我国全面取消了农业税，进一步解除了对农民的约束。

第二，随着城市化的发展，大量农民进城打工，甚至在城市安家落户。如果承包权不能转让，必然将导致大量土地撂荒。承包本质上是一种土地租赁，转租作为一种剩余控制权属于所有者。尽管土地属于集体所有，但集体并不拥有这个权利，国家才是转租的剩余控制权的拥有者。2013年，国家开始了所有权、经营权和承包权的"三权分置"改革，承认了承包权可以流转。但是，承包权的流转以农地的农业使用用途为限，如果农地转为非农用途，即转为建设用地，1998年的《中华人民共和国土地管理法》（以下简称《土地管理法》）修订以来，集体土地需转为国有土地后方可作为建设用地。在此之前，农村土地可以作为集体建设用地使用。1982年宪法恢复了1954年宪法的原则，允许国家为了公共利益对土地实行征用，然而公共利益的界定极其宽泛。1987年的《土地管理法》规定，征地补偿实行原用途原则，土地补偿费和安置补助费两项的总和不超过土地被征用前三年平均年产值的20倍，1998年的《土地管理法》将其提高到土地被征用前三年平均年产值的30倍。由于农地转为城市建设用地以后，与原有农地用途产值不具有可比性，以农地原用途作为征地补偿标准，事实上在很大程度上剥夺了农民享受土地增值利益的权利。尽管从法律上来讲，农民作为土地的承包方，不具有享受土地增值利益的权利，但是，过低的补偿使得征地成本过低，必然导致征地泛滥，以及被征土地的使用无法反映机会成本，土地资源配置效率低下。这突出表现为中西部地区的"空城""鬼城"。而且，过大的价差和权力监督失效还催生了大量的腐败。为此，1998年的《土地管理法》确立了土地用途管制制度，由国家编制土地利用总体规划，控制建设用地总量，对年度建设用地指标实行审批。同时，任何单位和个人需要建设用地的，必须依法申请国有土地。国有土地实行行政划拨和有偿出让两种土地使用模式，且有偿出让比例不断加大，2002 年，原国土资源部出台《招标拍卖挂牌出让国有土地使用权规定》第 11 号令，规定商业、旅游、娱乐和商品住宅等各类经营性用地，必须以招标、拍卖或者挂牌方式出让。地方政府作为土地的所有者和经营者，通过获得土地转让收入和土地抵押融资，形成以地谋发展的制度安排。尽管"全国一盘棋"的行政划拨和有偿出让的土地指标审批制，提高了土地资源配置的效率，但土地指标审批制在一定程度上回到了计划经济模式，基于公平的土地指标分配不能反映市场的需求，导致东部土地资源紧缺、中西部土地资源浪费。

尽管我国改革开放前后土地的所有权制度表面上没有发生大的变化，比如农村土地集体所有制，但是很难说改革前的集体所有制和改革后的集体所有制是同一个制度。事实上，改革前后的产权制度悄悄地发生了巨大的变化。这是产权学派强调产权而不强调所有权的原因。产权学派强调财产权利是一个权利束，包括使用权、收益权和转让权，收益权决定了产权的激励效果，转让权有助于资源的优化配置。产权，而不是所有权，才是理解中国土地产权制度变化及其后果的钥匙。

二、民营经济保护

尽管民营经济已然"贡献了 50% 以上的税收，60% 以上的国内生产总值，70% 以上的技术创新成果，80% 以上的城镇劳动就业，90% 以上的企业数量"，宪法已经明确规定"公民的合法的私有财产不受侵犯"，但是改革开放以前，几乎所有的生产资料都是国有或集体的。当人们用私人储蓄购买生产资料创业时，雇工超过八人就是违法的。尽管"傻子瓜子"在小平同志的关怀下没有受到过多干扰，但很多私营企业不得不给自己带上"红帽子"，即名义上是集体企业，其实是私营企业[1]。在"国退民进"的浪潮中，国有资产的改制或民营化其实是有条件的，比如尽量保障原有职工的就业，这必然影响其定价，但定价过低很可能被认为是国有资产流失的证据，"郎（咸平）顾（雏军）之争"最为典型。从公到私成为民营企业的"原罪"。同时，即使 20 世纪 90 年代曾经短暂出现过"抓大放小"的"国退民进"

---

[1]　吴晓波. 激荡三十年［M］. 北京：中信出版社，2008：40-42.

改革，国有企业仍然掌握着关键的生产要素，成为上游的垄断性厂商，依赖垄断性利润摆脱了亏损，并引入现代企业制度降低了租值消散，但国有企业"委托代理链条太长"的情形依然存在。一方面是完全竞争市场上巨大的生存压力，另一方面是个别民营企业企图走捷径，从而出现了一些奇怪的现象。不少文献讨论了有"原罪"嫌疑或者富豪榜聚光灯下企业的投资行为差异①。

另一部分文献提出了一个"中国经济发展之谜"，就是中国是如何在产权保护不够充分的情况下实现经济奇迹的。文献的一个解释是财政分权背景下地方政府之间的竞争，另一个解释是中央人事管理体制下以经济发展为导向的官员晋升博弈，二者都促使地方政府主动保护地方企业，从而成为正式法律保护的一个补充机制②。但这个补充机制是有局限的，它容易催生权力寻租行为，而且它很不稳定，可能受到官员更替的影响，也可能受到中央政策变化的影响。推进"放管服"改革，将全部行政许可纳入权力清单管理，建设"亲清"的政商关系，优化营商环境，是国家在新时代为加强产权保护所做出的一系列努力。

拓展阅读

1. 科斯. 社会成本问题 [M] //企业、市场与法律. 盛洪，陈郁，译. 上海：格致出版社，2009.

2. 卡拉布雷西，梅拉米得. 财产规则、责任规则与不可让渡规则："大教堂"的一幅景观 [M] //法律经济学文献精选. 苏力，等译. 北京：法律出版社，2006.

① 唐松，温德尔，叶芷薇. 恒产者恒心：原罪嫌疑、产权保护与民营企业绩效 [J]. 经济学（季刊），2020（3）：995-1016；唐松，温德尔，孙铮."原罪"嫌疑与民营企业会计信息质量 [J]. 管理世界，2017（8）：102-122，187-188；李雪，罗进辉，黄泽悦."原罪"嫌疑、制度环境与民营企业慈善捐赠 [J]. 会计研究，2020（1）：135-144.
② 周黎安. 转型中的地方政府：官员激励与治理 [M]. 上海：格致出版社，2017.

思考题

1. 谈谈中华人民共和国产权制度变迁与中国式现代化的关系。

2. 举例说明我们国家哪些权利是可以自由让渡的，哪些权利只能有限让渡，哪些权利不能让渡。为什么？这种规定是有效率的吗？

3. 中央曾数次召开会议给民营企业家吃发展"定心丸"。试论如何才能有效增强民营经济发展信心。

4. 我国是一个发展中国家，这是否会影响到我国知识产权保护的最佳策略？

第三章

合同法

第一节 立约抗辩

科斯定理的一个版本指出:"产权是交易的前提。"因此,确权的一个重要目的就是促进所有者对经济物品进行交易,将经济物品流转到对其评价更高的人手中,从而提高资源配置效率。交易可能因为彼此偏好不同、风险态度不同、信息不同、专业化分工导致的生产成本不同而产生,它们导致交易双方对交易物品的估价不同。如果买方估价较高,卖方估价较低,那么介于二者之间的交易价格就能使双方都获益。交易可能是面对面的即期交易,也可能是非面对面的跨期交易。跨期交易涉及承诺及其履行,承诺通常体现为合同。即使是面对面的即期交易,如果涉及产品质量保证,交易其实并未随着货物的交接而结束,其本质上也是一种跨期交易。合同法通过强制执行合同来增强承诺的可信度,这涉及两个基本问题:一个问题是哪些承诺需要合同法来强制执行,另一个问题是如果立约方违约,受约方应获得什么样的违约救济。

只要交易是理性的买卖双方自愿达成的,签约时彼此都希望合同得到强制执行,且不会对第三方造成严重的负外部性,那么与此相关的合同就应该被强制执行。理性人之间的自愿交易通常是互利的,从经济学角度来看,互利的交易是一个帕累托改进,在法学理论中,意思表示是否一致是判断是否属于自愿交易或是否构成帕累托改进的标志[1]。至于双方在交易中各自获利多少,即买卖是否公平,则取决于双方讨价还价能力,法庭一般不会干预[2]。

议价理论将合同分为要约、承诺和对价三个构成要件,认为正是对价使合同或承诺具有强制履行的法律效力。这其实是受到一种朴素的等价交换的交易观的影响,认为只有当承诺与对价的价值相等,合同才是公平的。这种

---

① 在生产合同中,买卖双方分别获得了消费者剩余和生产者剩余;而在纯交易合同中,交易发生在契约曲线的核中。帕累托改进指的是使双方都获益,或者一方获益,而另一方也没有损失的交易。

② 即使交易中的一方为垄断者,垄断者通过限制产量、抬高价格,甚至对消费者进行价格歧视,从而影响双方在交易中的收益,也是合法的。

等价交换交易观与现代经济学的观点是不一致的。现代经济学认为，交易是互利的，不仅生产能创造财富，交易也能创造财富，双方各自获得的消费者剩余和生产者剩余也是财富的一部分①。等价交换的观点暗含着交换物的价值应该相等，但既然价值相等，双方为什么要进行交换呢？僵化的议价理论使得赠与承诺这样的单方付出的合同无法强制执行，这与赠与双方希望强制执行的意愿不符，也与现实不符，同时它也使得双方为了使承诺在法律上可以强制执行，不得不去迎合法庭的要求，比如象征性地支付对价。这反而增加了交易成本。

以帕累托改进作为合同强制执行的理由，意味着非帕累托改进的合同是不可强制执行的，非帕累托改进常常是合同本身的瑕疵导致的，法律经济学将其称为立约抗辩（formation defense）。

一、无民事行为能力或者限制民事行为能力

对于交易是否互利，法庭是难以判断的，因为是否存在得益大都涉及主观判断。法庭尽量不介入对交易价格和各自收益的判断，法庭能够判断的是交易双方是否自愿、是否理性选择。如果交易中的一方是无民事行为能力人，也就不具有理性判断交易是否有利的能力，这样的合同通常是不可强制执行的。

《中华人民共和国民法典》规定，十八周岁以上的成年人为完全民事行为能力人，十六周岁以上的未成年人以自己的劳动收入为主要生活来源的，视为完全民事行为能力人。八周岁以上的未成年人为限制民事行为能力人，实施民事法律行为由其法定代理人代理或者经其法定代理人同意、追认，但可以独立实施纯获益的民事法律行为或者与其年龄、智力相适应的民事法律行为。

此外，如果交易中的一方在酒醉或因病而不清醒的状态下签订了合同，该合同同样是不可强制执行的。

二、胁迫

暴力胁迫显然是自愿交易的反面，违背了通过合同实现交易互利的初衷，被暴力胁迫签订的合同自然是不可强制执行或者是可以解除的。除了暴

---

① 对于某个商品交易数量，消费者剩余指的是消费者愿意支付的价格与消费者实际支付的价格的差额；生产者剩余指的是生产者实际得到的价格与生产者愿意卖出的价格之间的差额。

力胁迫外，还存在其他形式的介于自愿交易和暴力胁迫交易之间的"半胁迫"情形，比如乘人之危，即利用对方处于困境之时，逼迫对方答应对其利益很小或甚至不利的交易。这时，一定程度的法律干预是应该的，以避免人们为了防止自己陷入困境而支付过高的成本。然而由于法庭可能缺乏足够的信息来决定价格，只有在价格明显偏离通常的市场价格或救援成本时，法庭干预才是适当的。救援价格与救援是偶然的、预期的还是有计划的相关。偶然的救援只需要支付救援成本；预期的救援除了救援成本外，还要支付特定救援的搜寻成本；有计划的救援成本最高，因为还需要支付一个固定的维持费用，其报酬也最高。综上所述，有计划的救援报酬最高，预期的救援报酬次之，偶然的救援报酬最低。对于周期性的但可能涉及半胁迫的交易，法律可以采取事前的价格干预。例如对酒店的价格和出租车的价格实行最高价限制。更好的办法是要求其事前主动公示不打折时的最高价，以防止其在特定情境下漫天要价。

还有一种半胁迫与经济学中的套牢（hold up）有关。当交易涉及资产专用性时，投入专用性资产的一方就被套牢了——要么无法更换交易者，要么更换交易者的成本很高，这给了对方索要高价的机会。前述提及的乘人之危就具有这种特性。套牢主要是其中一方违背初始合同达成的交易价格，强行要求再谈判的结果。经济学在不完全合同框架下分析了套牢问题。威廉姆森根据交易频率和资产专用性提出了三方治理、双边治理或统一治理的概念，格罗斯曼和哈特的产权理论则探讨了一体化问题。以费雪公司为通用公司制作定制车身的经典案例为例，由于市场需求的变化，通用公司需要临时增加车身供给，原有合同未对这种情况做出规定，费雪公司可能会利用资产专用性的有利地位要求加价，最终通用公司不得不对费雪公司进行收购。根据格罗斯曼和哈特的理论，在被收购前，费雪公司作为所有者，拥有在市场需求变化时是否增加车身供给的剩余控制权，但它无权对原有合同已经约定价格和数量的车身临时加价，因为这属于法律禁止的半胁迫行为。经济学在讨论套牢问题时，集中于不完全合同下的剩余控制权分配问题上。而法律经济学更关注对原有合同的违约问题，例如婚庆公司在婚礼举办前夕临时要求加价，否则拒绝承办的情况。

三、欺诈

在交易中如果一方披露虚假信息以误导对方，受误导的一方可以以欺诈为由要求解除合同。显而易见，被欺诈的一方在交易中更可能受损，而不是获利。然而，在现实中，卖家在销售过程中夸大其词是一种常见现象，正如俗话所说，"王婆卖瓜，自卖自夸"。成熟的买家也知道这一点，通常会货比三家，在贵重商品买卖中搜寻更多的卖家，了解更多的信息，对卖家的夸大其词打一定折扣，这是一种慎重理性的选择。这时，很难说欺诈让另一方受损，特别是有些质量信息是需要在使用过程中才能知道的，而且是个性化的。比如食物到底好不好吃，卖家宣传的"好吃得很"可能是他自己的感受。这样的交易是可强制执行的。不成熟的交易者，可能因为轻信他人而在价值较低的物品的买卖中承担风险，在交易中学习经验；而在贵重物品的交易中，法庭可能会介入。一般来说，法庭介入的前提是卖方投入了大量资源去欺骗、误导不成熟的买家，比如发布与事实严重不符的广告，而不是简单的夸夸其谈，或者卖家是惯犯。从经济学角度来看，这种行为类似盗窃，属于纯粹的寻租活动。如果欺诈行为涉及纯粹的财富转移，比如传销或类似庞氏游戏的非法集资，这不仅不是真正的交易，反而还可能涉嫌犯罪。以上分析也可以联系科斯的二次确权框架来理解。欺诈者投入大量努力故意欺骗、误导对方，被骗者难以防范，导致受欺诈的合同是可以解除的；而"王婆卖瓜，自卖自夸"，是卖家的本能，就好像养牛人难以阻止它的牛吃庄稼一样，买方应保持警惕，不该轻信，适用买者自负原则。

四、误解

误解包括双方误解和单方误解。双方误解，也称共同错误，此种情况如果强制执行只能导致非自愿的交易，是明显的解除合同的理由。而单方误解是对方没有披露相关信息引起的，判断依据在于对方是否有披露相关信息的法律义务。

20 世纪 70 年代以后，经济学的重大发展就是关于信息的理解的进步。经济学的主流模型讨论的信息主要是第三方不可验证的信息，比如能力，而法庭介入的前提就是第三方信息可验证，即所谓呈堂证供[①]。对于可验证信息，拥有私人信息的一方是否有披露的义务？克罗曼（Kroman）认为，如

---

① 对于不可验证的信息，如果披露信息对拥有私人信息的一方有利，他会采取发送信号的方式。由于无法验证，他不得不采取成本高昂的信息发送方式将自己区别开来，这种成本是浪费性的，法律可能会禁止，比如"八项规定"对浪费性吃喝的禁止。不拥有私人信息的一方可能会进行信息甄别，但这种甄别可能涉嫌歧视而被禁止。不过，这些都与这里讨论的误解无关。

果搜集该信息是没有成本的，则应该披露，反之则可以不披露，这样可以激励有成本的信息搜集；考特和尤伦补充说，需要区分该信息是生产性信息还是纯粹再分配性信息，对于纯粹再分配性信息，不应该鼓励搜集，因为此时搜集信息其实是寻租行为。因此，这里就有两个维度对信息披露的要求有影响，一个是搜集信息是否有成本，另一个是信息是否有社会价值。而法律对披露者的态度包括强制披露、自愿披露、搜集则要求告知三种态度，于是我们又有了一个 2×2 的简洁表格 3-1：

表 3-1　关于信息披露的法律规定

社会价值	搜集成本	
	无	有
无（分配性信息）	强制披露	搜集则要求告知
有（生产性信息）	强制披露	自愿披露

无搜集成本且无社会价值，属于纯粹的寻租行为，应该强制披露；无搜集成本且有社会价值，基于信息的非竞争性，应该允许更多的人免费使用该信息，因此也应强制披露。有搜集成本且无社会价值，搜集则要求告知，阻止了无效率的寻租行为；有搜集成本且有社会价值，在自愿披露制度下，存在"沉默即差"现象，即不披露信息会被视为低价值。在搜集成本较低时，卖方会主动搜集信息并披露，以卖得一个高价；在搜集成本较高时，卖方宁愿被买方视为低价值，从而实现了分离均衡。

法庭如何判断某个信息是否有搜集成本呢？一种简单的判断方式就是看信息的获得是偶然的还是有意的，偶然获取的信息是没有成本的，有意搜集的信息则是有成本的。

表 3-1 主要针对卖方拥有私人信息的情形。例如新闻曾报道，某市一男子花 157 万元通过房屋中介购买了二手房，事后从邻居口中得知此房曾发生过小孩坠亡事件，认定该屋为"凶宅"，其女朋友拒绝入住该房。房屋中介在双方签订的购房合同中承诺，公司经纪人会对房屋进行筛查，如筛查结果为该房屋本体结构内（不包括电梯、楼梯间以及车位等配建设施）曾发生过自杀、他杀等非正常死亡事件，且经纪人未尽到披露义务的，公司将对购房者进行赔偿，最高赔偿标准按照房屋买卖相关协议中所载明的房屋成交价格（不包括税费、利息等其他费用）原价回购并全额退还佣金。男子遂将房屋中介和房东告上法庭。

　　表3-1同样适用于买方拥有私人信息的情形。萨维尔指出，由于最终是买方使用商品，所以信息披露义务通常对卖方要求较高，特别是关于商品使用的安全性信息。如果买方拥有的私人信息有助于促进资源的优化配置，买方也可以不用告知对方。例如古董商在赝品卖家那里发现了真品，其利用专业知识以低价买入则无须告知卖家。这里最好将古董商的信息视为有搜集成本，因为它依赖专业知识，专业知识的获取是有成本的。如果买方购买的是服务，买方的信息披露有助于减少服务可能带来的风险损失，买方有义务披露。著名的哈德利诉巴克斯德尔案确立了不可预见的过度信任不会得到赔偿的原则，本质上该案是一个信息披露问题。在这个案例中，原告磨坊主哈德利委托被告承运人巴克斯德尔将一个受损的磨坊滚轴运至某地修理，被告承诺次日送达，但因被告过失导致货物延迟了6天才送达。原告请求判决被告赔偿因运输延迟导致其磨坊停工6天所遭受的损失。法院最终以被告在订立契约时无法预见该损失而判决驳回原告请求。在这个案例中，因为对方延误造成重大损失的信息对原告而言是没有搜集成本的，那么原告应该强制披露相关信息，否则原告将自行承担相应的损失，这里是责任自负。这一原则在今天依然适用，例如在物流运输中，如果客户运送的是贵重物品，客户应该通知物流公司，否则物流公司只能按照普通商品的价值进行赔偿。同样，我们也可以按照上一章二次确权的原理，即原告规避损失的成本更低，责任应由原告自行承担。

　　消费者偶然发现亚马逊公司标价错误，错将13 990元一台的苹果笔记本电脑标价为1 344元一台，便迅速下单购买。亚马逊公司以未发邮件确认为由拒绝发货。法庭应该如何判决此案？根据表3-1的原则，这属于消费者偶然获得的信息，既无搜集成本也无社会价值，应该强制披露。在现实中，消费者当然不会也难以告知亚马逊公司，但即便如此，这样的合同仍然是可撤销的，即使亚马逊公司已经发出确认邮件。如果强制要求亚马逊公司履约发货，会导致亚马逊公司事前增加价格核查次数，这将增加交易费用。对于每天的销售量数以万计的平台公司来说，成本不菲，最终也会转嫁给商家或消费者来承担，从而对社会造成净损失。

　　资本市场的信息披露比较特殊，也有很多争论，后文详述。按照表3-1的原则，公司财务信息搜集有成本，也有社会价值，应该适用自愿披露。芝加哥学派就力主自愿披露，但这与大部分国家实行强制披露制度不符。支持强制披露的一方认为强制披露有助于降低投资者的信息搜集成本，避免"沉默即差"产生的逆向选择，从而准确定价；反对的一方，特别是斯蒂格勒认为强制披露并未实现保护中小投资者的目标，只是让中介机构如会计师事务所、律师事务所获益。规模较大的公司披露信息的成本相对更低。不强制披露信息并不意味着没有信息披露，"沉默即差"会推动自愿披露。强制披露信息增加了中小企业的负担，竞争对手获知信息后可能降低本企业价值。事实上，这里的根本差异在于表3-1针对的交易只有两方，而资本市场交易中有无数的投资者，不披露信息不仅仅是"沉默即差"，反而投资者还会竞相搜集信息，重复搜集导致信息搜集成本巨大。这个论点同样适用于厂商对消费者、政府对公众的情形。

特别地，关于内幕信息的披露，也有争议。人们对纯粹分配性的内幕信息应该强制披露没有争议，比如律师或会计师在工作中偶然获知公司财务的内幕信息，但关于生产性内幕信息，人们对高管是否有权因此获利是有争议的。芝加哥学派的伊斯特布鲁克就认为高管可以通过提前买卖股票，利用其推动的生产性内幕信息获利。反对者认为高管已经在薪酬结构中得到了激励，如股票期权，没必要再通过内幕信息获利，而且允许高管利用内幕信息获利对于外部投资者而言也是不公平的。允许高管利用生产性内幕信息获利，还会对高管行为产生扭曲，比如他们可能操纵信息的披露时点以配合其买卖股票。虽然法律禁止其进行短线交易，但无法完全避免这种扭曲现象。

五、格式化合同

企业与众多消费者就相同的商品或服务进行交易，不可能一一谈判签约，于是产生了格式化合同。它是节约交易费用的产物，与市场结构无关，将格式化合同与垄断等同是不对的。事实上，格式化合同甚至能通过减少产品的差异度来促进竞争。在竞争不完全，特别是存在垄断的情况下，厂商的确可能利用消费者不会仔细阅读格式化合同的弱点来制定有利于自己的条款，法律需要对它进行一定程度的干预和规制。需要法律规制的条款包括不安全条款，如消费者隐私数据保护、自动续约、惩罚性条款、自我责任免除等；隐藏特征条款，如复杂的价格计算公式、不显著的加价、延迟的成本等。法律的应对措施包括强制披露信息、强制性条款（mandatory rule）和任意性条款（default rule）。

前面已经分析过了信息披露，强制性条款是法律对不安全条款、隐藏特征条款的限制。需要注意的是，经济学一直强调的基本原理是"天下没有免费的午餐"。不完全条款、隐藏特征条款不好，但强制性条款干预了市场行为，也不是免费的。比如消费者七天无理由退货，表面上它给消费者特别是那些"剁手党"带来了福音，但是退货需要增加来回物流的成本，这个成本是由商家支付的吗？从微观经济学角度来看，它由买家和卖家共同负担，负担比例由需求价格弹性和供给价格弹性的相对大小决定。对社会而言，物流成本是实实在在的成本支出。如果考虑到消费者的异质性，有的消费者在购买商品的时候比较慎重，有的消费者则属于典型的"剁手党"，那么价格上涨后，慎重的消费者也不得不支付更高的价格。再比如低质量与低价格、高质量与高价格的组合可能是厂商的一种信息甄别或价格歧视手段，最低质量要求可能导致厂商不再提供低质量产品，这反而不利于穷人。

任意性条款是一种默示条款，除非消费者提出异议否则视为同意。大部分消费者不会阅读格式化合同，所以默示条款就成了最终条款。不同的任意性条款效果有很大区别，比如一种任意性条款是"所有的数据都会被搜集，除非消费者不同意"，另一种是"所有的数据都不会被搜集，除非消费者同意"。从表面来看，如果大部分人都同意数据被搜集，第一种任意性条款有利于节约交易费用。然而，对于不同意数据被搜集的消费者，他们必须主动披露信息，否则将受到处罚。但是在现实中，大部分消费者并不阅读格式化合同，即使大部分人不同意数据被搜集，而且异议的成本也很低，第一种任意性条款也会导致几乎所有的数据都被搜集。因此，需要对任意性条款做适当干预，使其对消费者更友好。

六、外部性

立约抗辩通常是由违约者提出的，但它也可能由第三方提出。第三方可能是合同的受害者，也可能是管制机构或法庭。当合同的标的物是前一章讨论的法律禁止转让的物品，如"黄赌毒"、人体器官、选票等时，法庭会拒绝执行。在著名的"泸州二奶案"中，法庭以违背公序良俗为由，拒绝执行对被告（原配妻子）不利的遗产赠与合同。

七、模糊条款

模糊条款常常涉及主观评价，法庭作为第三方难以判断此类条款是否应履约，前面讨论对欺诈的认定时也涉及了这一问题。签约双方将这类条款写进合同，主要是希望通过法律以外的途径促使其自实施，但当自实施失败以后，法庭是否就完全无能为力呢？比如"尽力而为"，虽然法庭不能判断对方是否"尽力"，但如果对方有机会低成本履约，则显然就没有"尽力"。面对信息约束，法庭还可以通过举证责任倒置来迫使履约方证明自己是否"尽力"。事实上，不仅合同里会出现模糊条款，法律规定里也会出现，如公司法里的信义义务[1]。

第二节　履约抗辩

违约方不履行合同或承诺，可能是纯粹的机会主义，比如卖方直接侵吞了买方货款，这时直接适用强制履行是合适的，有助于加强承诺的置信度。但是在大部分情况下，违约方违约总是有理由的，除了前面主张立约抗辩，即合同本身有瑕疵以外，违约方还可能主张履约抗辩（performance excuse），即环境变化使得履约不能，或者履约成本太高，以至于经济上不可行，其实也就是否定合同是帕累托改进的情况。但是既然合同由理性的交易者自愿达成，说明它在签订之初至少是帕累托改进的，后来遭遇外生的冲击，合同在事后不再是帕累托改进的，这种冲突意味着履约抗辩不一定成立。

如果合同是完全的，也就是双方事前已经预料到了未来的所有情况，针对每一种情况，履约或不履约，合同都有详尽的规定，就不存在履约抗辩的问题。正是由于双方事前没有预料到，或者即使预料到，但认为发生的概率太小，不值得为此进行事前的讨价还价，又或者涉及第三方不可验证信息，导致合同是不完全的。本质上，这是一种交易费用比较高的情形，如果要承担违约责任的话，按照前述"卡—梅框架理论"，适用责任规则，即承担赔偿。违约意味着给守约方带来了外部性，但违约方是否必须为此负责，按照上一章的分析，还需要二次确权，以判断哪一方避免外部性的承担成本更低，或者是否双方都应该付出努力，从而确定双方各自承担的责任。因此，

---

[1] 《中华人民共和国公司法》第一百四十八条规定，董事、监事、高管对公司负有忠实义务和勤勉义务。英美国家将类似义务统称为信义义务。

履约抗辩本质上也是一个二次确权的问题。

履约抗辩包括不可抗力、情势变更、履行不能等。不可抗力指的是外在冲击使得履约变得不可能，如地震、火灾、战争等；情势变更指的是履约依赖的情形发生变化，使得执行原有合同失去意义，如著名的加冕观礼因国王生病而推迟案例；履行不能指的是虽然可以履约，但履约收益小于履约成本，而且差距可能非常大，比如原材料价格突然暴涨。经济学分析表明，与法学理论不同的是，它们并非免除履约责任的充分条件。不可抗力、情势变更、履行不能的本质都是没有预料到的外生事件或冲击，导致履约成本过高，以至于远远超过了履约带来的收益，甚至根本不可能履约。经济学把这种外生冲击视为一种风险，责任的承担（二次确权）与风险防范成本和风险承担成本的相对大小有关。如果违约方风险防范成本更低，或者即使风险不可避免，但他可以分散风险，比如购买保险或多样化投资，从而使承担风险的成本更低，那么违约方将承担赔偿责任，即使违约方面对的是不可抗力、情势变更、履行不能，反之则不用承担赔偿责任。法学理论以违约方无过错为标准，过早地下结论说违约方不用承担责任；经济学则从风险的防范和承担的角度，分析法律对责任承担的分配如何影响损失的大小。比如物流公司以疫情封控为由拒绝承担无法按时送达造成的损失，法学理论以不可抗力为由予以认可，经济学分析则认为要视情况而定，如果物流公司对疫情发展情况更了解，有备选线路，或者本来能够在封控前送达，封控后导致进一步延误，则物流公司需要承担责任。类似地，疫情期间的租金分担、按揭贷款偿还延迟，主要是根据风险承担能力而定的。

当然，交易双方对不完全合同的处理通常是进行再谈判。虽然格罗斯曼和哈特强调事后的再谈判会影响事前的专用性投资[1]，但对于法庭而言，再谈判是合约双方在获得新的信息后对原有合同的校正，相当于是一份新的帕累托改进的合同，同时放弃了原有的不适应新的情境的合同，是应该强制执行的。再谈判会产生二次交易费用，确定违约责任的二次确权有助于降低二次交易费用，因为如果二次交易费用太高，可能导致再谈判失败，产生违约赔偿的问题。

当然，事后在不可抗力、情势变更或履行不能的情况下也让违约方承担

---

① 哈特，等. 不完全合同、产权和企业理论［M］. 费方域，蒋士成，译. 上海：格致出版社，2016：3-44.

赔偿责任，必然会影响事前交易价格。比如违约方如果是卖方，卖方就会抬高价格。买方支付了高价相当于为事后的风险买了保险。反之，如果事后在不可抗力、情势变更或履行不能的情况下违约方不用承担责任，卖方就可以降低价格。不过，当上述情形发生时，法庭并不知道签约价格是抬高后的价格还是降低后的价格，但法庭如果在事后让规避或承担风险成本更低的一方承担责任，或者双方分担风险成本更低时让双方分担损失，会促使事前交易价格最低。

第三节　违约赔偿

当违约方避免外生冲击带来的风险损失成本更低，或承担风险的成本更低，他将承担违约责任，赔偿守约方的相应损失。损失是多大呢？如果有替代品，损失就是购买替代品引起的价格增加；如果没有替代品，则损失涉及主观评价，这对法庭评估能力是一个考验。不仅如此，从事后的结果来看，损失的大小还取决于守约方信赖投资的大小，信赖投资越大，损失越大。但如果违约方赔偿了所有损失，相当于守约方就不用承担信赖投资的任何风险了，守约方就有过度信赖投资的动机。因此，最佳的赔偿标准应该是建立在可预见的、合理的信赖投资基础之上的损失，而不是实际损失。所以违约赔偿标准不止一种。

一、期望利益赔偿

违约使守约方的期望落空，其损失大小等于如果合同正常履行，守约方在合同履行当中获得的利益，即期望利益，它也是违约方给守约方带来的负外部性的大小。对社会而言，只要履约成本小于期望利益就应该履约，反之，违约才是有效率的。对违约选择而言，只要履约成本小于违约责任，选择履约的可能性更大；反之，则可能选择违约。因此，将违约责任等同于期望利益，有助于违约方做出对社会而言最佳的违约选择[①]。如果违约方的违

---

① 按照上一章开普洛和萨维尔对"卡—梅框架理论"的发展，期望利益赔偿是基于法庭确切地知道守约方对合同的估价，但法庭并不知道违约方对合同的估价，违约方的估价涉及影响违约选择的因素。因此法庭就直接以守约方的估价进行定价，要求违约方做出相应赔偿。

约选择取决于他的防范投资，期望利益赔偿将激励他做出最优的防范投资。同时，如果守约方只能得到合理的期望利益赔偿，他的信赖投资也是最优的。

有的期望利益是比较容易计算的，比如卖方违约时买方可以从其他厂商那里购买，买方违约时卖方可以将产品转售给其他消费者，尽管可能存在价格差异。这时，期望利益就是买方购买替代品的溢价损失，或者卖方转售的折价损失。但是如果双方交易的产品在市场上难以找到替代品，这时计算期望利益就涉及主观评价或消费者剩余的估计问题。法庭没有估计主观损失的信息优势，坚持期望利益赔偿，守约方可能漫天要价，法庭这时将不得不退而求其次，转向其他次优的赔偿标准。

二、信赖利益赔偿

如果说期望利益赔偿的基准是签约后合同得到履行时守约方的利益状态，那么信赖利益赔偿的基准就是签约前守约方的利益状态。显然，期望利益赔偿要大于信赖利益赔偿，因此，在信赖利益赔偿标准下，违约方过度违约了。

当守约方在签约以后做出信赖投资，信赖利益赔偿还可能包括信赖投资。这时，如果所有的信赖投资都可以得到补偿，在信赖利益赔偿标准下，守约方就可能信赖投资过度。对过度信赖的抑制办法是否定过度信赖，但前提是法庭能够分辨何为过度信赖。在前面的哈德利诉巴克斯德尔案中，法庭认为哈德利存在过度信赖问题，否定其赔偿诉求会倒逼其披露信息。信息披露的理论有助于我们判断是否存在过度信赖。

三、约定赔偿

除了法庭适合认定赔偿以外，双方可能在合同中对违约赔偿做了事前约定。前文指出，在完全合同条件下，按约执行是最佳选择。那么，问题就变为约定赔偿是完全合同的情况吗？如果是，就应该按照事前约定的赔偿金额进行，这时约定的赔偿金额其实是违约方给予守约方的保证金。但有时候法庭并不支持约定赔偿，又是怎么回事呢？原因可能是违约方事前约定惩罚性赔偿的目的主要是发出信号，表明自己有足够的履约能力。比如建筑商签约，如果不能按时完工，愿意接受惩罚性赔偿。但天有不测风云，签约以后，连连大雨，使得建筑商难以按期完工，这时应该适用事前约定的惩罚性赔偿吗？显然不应该。因为建筑商发出信号证明自己有能力的前提是天气正常，他没有预料到签约后却连连大雨。因此，这其实是一种不完全合同的情况，法庭很可能会对约定赔偿做出修正。

四、强制履行与赔偿之间的选择

强制履行的含义很简单，就是忽视条件变化，强制实施原有合同。强制履行主要应用于转移占有合同，而不是生产合同。生产合同中的违约是因为履约成本高于履约收益，甚至履约不能。转移占有合同违约则是因为出现了出价更高的第三方（假定卖方违约）。换句话说，生产合同中的违约是因为负向冲击，转移占有合同中的违约是因为正向冲击。负向冲击使得履约要么完全不可行，要么经济上不可行，其补偿方式通常是违约赔偿；正向冲击下强制履行是可行的，基于契约精神，法庭常常也会选择强制履行。这背后的经济学原理是什么呢？

在负向冲击条件下，履约虽然在经济上不可行，但在履行合同不是完全不能的情况下，法庭仍有判定强制履行或赔偿的选择。如果法庭选择执行赔偿，只要赔偿没有超过实际履行的成本，违约方一般会选择违约，这种违约是有效率的；如果法庭选择强制履行，违约方和守约方可能会进行再谈判，因为强制履行提高了守约方的讨价还价能力①。如果再谈判成功，违约方可能给予守约方一定补偿并选择违约；如果再谈判失败，强制履行则无效率。强制履行判决提高了守约方的讨价还价能力，这增加了再谈判失败的风险。因此，在负向冲击条件下，违约赔偿通常优于强制履行。只有当法庭对赔偿严重低估，导致违约方无效率违约，选择违约赔偿才是有问题的。但法庭对于生产合同违约的赔偿估计，常常有替代品可以参照，法庭一般不会严重低估违约产生的损失；如果是定制产品，出价更高的第三方又不太可能出现，生产的成本大于收益，生产是没有效率的，这再次证明了违约赔偿在负向冲击导致违约的情况下更有效。

正向冲击下违约，强制履行和违约赔偿始终都是法庭可行的选择。通常认为，违约方见利忘义或见异思迁，违背了契约精神，应该强制履行，以维护契约精神。但是，如果第三方在不知情的情况下介入并提前成交，强制履

①　强制履行是一种财产规则，它提高了守约方的讨价还价能力。法庭判定强制履行后，双方仍然可以再谈判，经守约方同意后可以不履行，但这通常意味着违约方要给予守约方适当的补偿。

行原有合同对第三方也是不公平的。如果第三方估价高于买方，将物品配置给第三方也是有效率的资源配置。所以，在转移占有合同中，强制履行不是唯一的选择，也不一定是有效率的选择，违约赔偿也是一种可能的选择。

必须明确一点：虽然第三方的出价高于买方，但第三方的实际估价既可能高于买方，也可能低于买方。后者在初始合同定价过低的情况下有可能出现。如果交易费用比较低，无论赔偿还是强制履行，买方和第三方都可以通过再谈判，实现资源的有效配置。如果交易费用比较高，只有当买方估价高于第三方时，强制履行才实现了资源的有效配置。如果法庭拥有买方和第三方估价相对大小的信息，法庭就可以直接把物品配置给估价更高的一方，如果是估价更高的买方则选择强制履行，如果是第三方则选择让卖方赔偿给买方。如果法庭知道买方的准确估价（不是初始合同中的买价），则可以在选择赔偿并将卖方对买方的赔偿金额定为买方的准确估价；如果法庭知道第三方的准确估价（不是第三方买价），则可以在选择强制履行的同时将卖方给第三方的赔偿金额定为第三方的估价。如果法庭没有信息优势，选择强制履行则是一种无奈之举，免除了确定赔偿多少的困扰，尤其是在卖方还未与第三方签约之时，强制履行更有优势。如果卖方一物二卖，强制履行则没有优势，尤其是物品已经被转移到第三方手中时。以上违约分析详见表3-2。

表3-2　出现估价更高买家后的卖方违约选择

交易费用	法庭的信息成本	
	高	低
高	强制履行	强制履行或赔偿
低	强制履行等价于赔偿	强制履行等价于赔偿

值得注意的是，表3-2初看起来与表2-8中的"卡—梅框架理论"是矛盾的，原因是表3-2中有三方主体：卖方、买方和第三方。强制履行或赔偿是在卖方和买方之间进行的，资源的优化配置是在买方和第三方之间进行的，考虑交易费用低的情形不仅包括卖方和买方的交易费用，还包括买方和第三方的交易费用，即强制履行后第三方如果估价更高，可以向买方购买。在交易费用比较低的情况下，法律规则不影响资源配置后果，即强制履行等价于赔偿，与科斯定理一致；在交易费用比较高的情况下，选择什么样的法律规则最优依赖于外在条件，这里是指法庭的信息成本。"卡—梅框架理论"认为交易费用低的时候财产规则占优，原因是财产规则保护的是权

利，打击绕开自愿交易的纯粹寻租行为，避免法庭参与定价可能产生的错误。表 3-2 分析的只是资源配置问题，即使法庭定价错误，也只影响财富分配，不会影响资源配置后果。表 2-8 中在交易费用高、法庭的信息成本高的情况下选择赔偿是无奈之举；表 3-2 中在交易费用高、法庭的信息成本高的情况下强制履行是无奈之举，这里选择强制履行节约了法庭定价的成本。

强制履行主要针对卖方违约。如果出现了出价更低的第三方卖方，买方可能违约，这时不存在资源配置优化的问题，只是财富分配问题，无论强制履行还是赔偿都不会影响资源的配置。

如果没有第三方，只是因为情势变化，卖方或买方的估价发生了变化，此时一方反悔，则需要区分是卖方反悔还是买方反悔。卖方反悔是由于正向冲击使得买卖物品市价高于合同定价，买方反悔是由于负向冲击使得买卖物品市价低于合同定价。当出现负向冲击时，帕累托改进的空间已经消失，强制履行可能在交易费用高的情况下阻碍资源的有效配置，因此赔偿更优。比如买方有意买一套学区房，但突然发生政策变化，实行混片学区制度，以前的学区房价格大跌，这时再强制履行已经没有意义，买方支付违约金即可。出现正向冲击时，买卖双方的估价都会随着市价的提高而提高，这时帕累托改进的空间存在的可能性更大，强制履行的概率也更大。但如果强制履行的成本很高，赔偿也可能是更好的选择。

五、返还非法所得

模糊不清的条款使得期望利益更加难以计算，比如前面讲的信义义务。这时返还非法所得与强制履行类似，是一种退而求其次的解决办法，以阻止违约行为。返还非法所得使得违约方无利可图。

第四节　应用

本节基于前面的合同理论简要分析家庭和企业相关法律的应用。

一、婚姻法[1]

婚姻可以被视为一种超长期合同，大部分人一生只有一次婚姻，结婚证几乎就是一生的承诺。应用威廉姆森的治理理论，在确定婚姻关系之前，男女双方可以自由选择对象，但是一旦领了结婚证，就发生了根本性转变，再次更换对象的成本很高。更换恋爱对象和离婚后再结婚有本质的区别。首先，婚姻法有离婚冷静期规定，而且在民法典中加入离婚冷静期规定之前，法官的第一次判决一般也不会判离。其次，离婚在婚姻市场中可能会被认为是择偶草率，或者被认为是缺乏经营婚姻能力的信号，是不负责任的表现。最后，离婚还涉及财产分割、子女抚养的问题，特别是子女抚养问题意味着离婚是有外部性的，与普通合同的解除不同。

男女双方的关系因为婚姻，特别是专用性投资即孩子而锁定，保持婚后生活的和谐需要双方的持续投入，这不仅有赖于长期重复博弈带来的合作，还有赖于感情，这是婚姻合同所独有的。由于婚姻需要感情支撑，浪漫主义者认为有了爱，结婚证是不重要的；没有爱，用结婚证来拴住对方也没意义。在经济学上看来，爱或双方的感情基础能够有效节约婚后的交易费用，法律通常不干预婚姻存续期间的争议，而必须由双方自愿协商解决，这就需要双方在感情的润滑剂下"床头打架床尾和"。现代社会的一个特征是离婚率大幅攀升，贝克尔的解释是女性进入劳动力市场，其独立谋生的能力大大提升，不再完全依赖男性，提高了女性的讨价还价能力，再谈判更可能失败。即使是这样，我使用中国家庭金融调查 2013 年的数据做过初步的分析，自由恋爱婚姻的离婚率明显低于经人介绍认识婚姻的离婚率，这充分说明了感情基础的重要。男女的感情可能会随着年龄以及外在条件的变化而发生变化，开始的时候也许是生理上的激情，"七年之痒"后更多的是亲情，它们都可以成为维系婚姻的基础。婚姻法强调的是感情基础，而不仅仅是爱情，所以，即使爱情不在了，但双方还是可能有感情，从而继续维系婚姻[2]。离

---

[1]　这里分析的是与婚姻有关的法律的经济学原理，并非针对原来的婚姻法或者《中华人民共和国民法典》第五编。

[2]　坠入爱河的人常常认为对方是不可替代的，"当她见到他，她变得很低很低，低到尘埃里，但心是欢喜的，从尘埃里开出花来"，这种非理性、近于偏执甚至带有毁灭性的情感是许多文学作品中的主旋律。它主要发生在青春期。当真正进入生活，柴米油盐酱醋茶成为主导，而且世易时移，对方会老去，与之相伴的金钱、地位、健康、美貌可能不再，新的意中人可能出现，不可替代的幻觉就消失了——这是人性使然。婚姻法是理性的制度安排，以对象可能在未来被替代为基础，规范婚姻解体时，如何减少解体带来的外部性。

婚涉及财产的分割、子女的抚养问题，考虑到离婚的成本，拴住双方的结婚证仍然有助于双方相濡以沫。因此，爱情可能变淡，即使有爱，也需要结婚证的保护。有了它的保护，双方就有更大的积极性对婚姻做专用性投资。没有它的保护，双方可以随时分手，到恋爱市场寻找替代者，就不利于双方对婚姻、对家庭做专用性投资。

婚姻合同的特殊性在于它极其不完全。大多数时候，男女双方只是到民政局去领一个结婚证，至于婚后的权利、义务，双方却只字不提，原因是结婚都是"奔着一辈子去的"，婚姻的有效维持依赖于感情，而不是法律的强制。婚前讨论婚后可能的争议，是对感情的怀疑，认为感情不足以降低交易费用，不足以解决分歧；婚前提出约定离婚时的财产分割，更是表明对婚姻的长久维系不抱信心。由于双方大都不愿意发出不利于婚姻维系的信号，从而没有约定，分歧主要依赖婚姻法来填补，这种填补是通过强制性条款和任意性条款来进行的。强制性条款包括婚姻自由、一夫一妻等，任意性条款包括除非双方书面约定，否则按照婚姻法对个人财产和夫妻共同财产的规定进行分割，对家庭付出较多的，有权向另一方请求补偿。

在婚姻关系中，女方做出的关系专用性投资常常更多，一旦婚姻关系解除，再婚市场上女方更可能处于不利地位，因此，婚姻法应该给予女方更多的保护。Cohn 发现，在没有人为干预的情况下，男性出生率略高于女性，同时，所有年龄段男性死亡率明显高于女性，这会造成青年时期男性多于女性，中老年时期女性多于男性。青年时期女性是买方市场，男追女成为普遍现象，甚至社会规范，中老年时期则很可能发生逆转。在婚姻市场中，几乎所有年龄段的男性看重的大都是女性的年轻貌美，而它（年轻貌美）会随着年龄的增长逐渐消失；反过来，大多数女性对男性的看法则不一样，她们看重的大都是男性成熟的魅力，其标志则是金钱、地位、声望等，这些东西大都伴随着男性年龄的增长、事业的成功而出现。如果离婚，女性更看重孩子的抚养权，导致其在再婚市场上进一步失去优势。最后，基于男主外、女主内的社会规范，女性将更多的时间、精力放在家庭中，特别是对子女、老人的照顾上，甚至完全退出了劳动力市场。这时，一旦婚姻关系解除，女性很难重新就业。因此，婚姻法对女性，特别是对照顾子女、老人付出更多的一方在财产分配上给予倾斜是适当的[①]。

---

① 参见：唐纳德·A.威特曼. 法律经济学文献精选：第24章［M］. 苏力，等译. 北京：法律出版社，2006.

婚姻法倡导结婚自由，但在婚姻关系的解除上却施加了障碍，原因是离婚有外部性，特别是会对孩子的成长造成巨大影响。少数天主教国家甚至不允许离婚，有的国家则由需要双方同意转到只需要单方提出离婚申请即可。这会给婚姻带来什么影响？从事前来看，离婚越难，双方在选择是否进入婚姻时就会越慎重，信息搜寻成本就越高，结婚年龄会推迟，甚至选择不结婚。从事后来看，如果双方都想解除婚姻，法律不允许，婚姻关系实际上名存实亡；如果其中一方想解除婚姻，另一方不想解除，法律要求双方同意才能离婚，这实际上给了不想离婚一方更大的讨价还价能力，想离婚的一方不得不在财产、子女抚养等问题上做出让步。如果让步仍然换不来对方的同意，可能还会进一步催生家庭悲剧。Stevenson 和 Wolfers 研究发现，美国部分州从双方同意才能离婚向单方同意就可以离婚转变以后，成年女性的自杀率下降了[①]。因此，并不是离婚的障碍越高越好。同时，为了避免冲动离婚，我国在最新的民法典修订中引入了离婚冷静期规定，同时在某些情形下不允许离婚，如女方怀孕期间、分娩后一年内或终止妊娠后六个月内等。

将婚姻视为合同，可能产生的疑问是婚姻法对婚姻合同施加了更多的限制。为什么只能是超长期合同，不能是三年婚姻、五年婚姻的短期合同？为什么一夫多妻、一妻多夫在大多数国家是违法的，同性恋婚姻在大多数国家也是不被承认的？如果从自愿的婚姻参与各方找不到答案，经济学家就会从对参与者以外的第三方的影响方面寻找答案，最重要的第三方就是孩子。短期合同、同性恋婚姻不稳定，对孩子成长不利是其不能得到认可的重要原因。一夫多妻制（一妻多夫也一样）显然有利于富人，可能对穷人产生不公，富人一夫多妻会形成庞大的家族，甚至会对国家的政治结构、社会稳定产生影响，它也会使家庭内部产生更严格的等级制，发生类似于《甄嬛传》里的情形一样的斗争。一夫多妻制家庭的女性更可能与其他人通奸，丈夫不得不付出更多精力进行监视，同时妻子太多、孩子太多，父亲也无法跟他们有更多的情感交流[②]。

二、公司法

传统经济学将企业视为一个生产函数，投入资本和劳动，在一定技术条

---

① STEVENSON BETSEY, WOLFERS JUSTIN. Bargaining in the Shadow of the Law: Divorce Laws and Family Distress [J]. Quarterly of Economics, 2006 (121): 267-288.

② 参见：贝克尔，波斯纳. 反常识经济学 [M]. 李凤，译. 北京：中信出版社，2011.

件下就转换为产出。这意味着在同样的投入条件下，产出的多少只取决于技术。很显然，传统经济学忽视了组织的作用，即在同样的资本和劳动投入条件下，不同的所有制、不同的激励机制会导致不同的产出。从科斯开始，经济学家开始从合同的视角认识企业。科斯认为相对于市场而言，企业是以要素合同的形式替代了产品合同，要素合同主要以权威配置资源，产品合同则是以价格机制配置资源，两种资源配置方式都有交易费用，其均衡状态是二者在边际上相等。张五常进一步认为企业作为一种组织，是一个合同的集合，每种生产要素的所有者分别与企业签约，取代了要素所有者之间两两相互签约，从而节约了交易费用。阿吉翁和博尔顿将其模型化为面临融资约束的企业家与众多投资者，包括股东和债权人之间的合同[①]。

詹森和梅克林将伯利、米恩斯提出的内部人、外部人的代理问题模型化以后，委托代理问题或内部人的激励问题（代理人的道德风险）成为研究企业的核心问题。文献讨论了激励与风险分担权衡的机制设计，产出如何与薪酬挂钩，如绩效工资、股票期权；企业收（并）购市场威胁的激励作用；产品竞争市场威胁的激励作用；职业生涯的隐性激励等。由于道德风险常常涉及不可观察的行动，而法律是以证据为前提的，因此公司法常常以商业判断原则（business judgment rule）为由拒绝干预高管决策。缓解道德风险主要还是依赖激励机制设计[②]。

公司法一方面通过"有限责任"机制降低了融资者的风险，却可能加剧融资者的道德风险；另一方面通过股票自由转让将投资风险分散，以吸引更多的投资，却可能引发前述"搭便车"问题。公司法并不能阻止诸如偷懒、任人唯亲、职业消费，甚至因此导致商业失败等缺乏充分证据支持的道德风险，公司法能够阻止的仅仅是赤裸裸的"盗窃"，比如利用强制性条款禁止高管通过内幕交易、关联交易将公司财产转为个人财产。公司法还可以通过强制披露信息降低内部人与外部人之间的信息不对称程度；通过任意性条款，倡导构建董事会、监事会、股东大会，形成相互制衡的合理的公司治理结构，除非企业通过公司章程因地制宜地加以调整。

La Porta 等发现，对投资者保护越好的国家，其资本市场也发展得越

①　参见：泰勒尔. 产业组织理论：绪论（企业理论）[M]. 张维迎，总译. 北京：中国人民大学出版社，1998.

②　参见：梯若尔. 公司金融理论：第一章公司治理 [M]. 王永钦，译. 北京：中国人民大学出版社，2007.

好。他们将公司法对投资者保护的指标进行量化后发现，英美法系对投资者保护最好，法国法系最差，德国和斯堪的纳维亚法系居中。对投资者保护越好的国家，其股权结构越分散，融资成本越低；反之，对投资者保护越差的国家，中小股东越不愿意投资，股权常常集中在少数几个大股东手中。股权相对集中，一方面克服了"搭便车"的问题，对公司决策层形成更好的监督；另一方面也控制了决策层，形成第二种代理问题，即大股东通过内幕交易、关联交易将公司财产转为个人财产。金字塔式权力结构让大股东控制、转移多个公司资产更为便捷，公司法不得不将大股东也视为内部人加以约束。

拓展阅读

1. 考特，尤伦. 法和经济学：第 8 章、第 9 章 [M]. 6 版. 史晋川，董雪兵，等译. 上海：格致出版社，2012.

2. 拜尔，格特纳，皮克. 法律的博弈分析：第 3 章 [M]. 严旭阳，译. 北京：法律出版社，2006.

思考题

1. 被欺骗情感的受害者为什么很难得到救济？

2. 自由转让的权利是受到法律保护的，有限让渡的权利超出限度是不受法律保护的，不可让渡的权利是法律禁止的。法律保护力度差异会对交易产生什么影响？

3. 某市在疫情封控期间，物价飞涨，该市市场监督管理局让市民保留好支付证据，以便"秋后算账"。请问商家的涨价行为属于乘人之危吗？

第四章

侵权法

第一节　侵权的构成要件理论

传统侵权理论通常有四个构成要件，即行为、损害、因果关系和过错。

行为包括作为和不作为。作为属于行为，相对容易理解，但不作为也属于行为的一种，成为侵权构成要件之一，从文字意义上较难理解。因此，法定的不作为义务成为侵权的构成要件容易得到理解和执行，如"在公共场所或者道路上挖坑、修缮安装地下设施等，没有设置明显标志和采取安全措施造成他人损害的，施工人应当承担侵权责任"，非法定的不作为义务就不那么容易理解了。非法定的不作为义务包括双方特殊关系产生的义务，行为人负有的特定安全保障义务以及特殊的应当"助人为乐"义务。如医生对病人、学校对学生负有特定的安全注意义务；一起饮酒的双方，相互之间也有安全注意义务；公共场所的管理人、群众性活动的组织者负有防范危险的作为义务；最难理解的是"助人为乐"义务，如某人了解到特定他人并不知道危险即将来临，为使该人免受伤害，负有呼喊或以其他方法来提醒他注意危险的积极作为义务。前文说"作为"相对容易理解，其实现实中也有让人难以理解的地方。如一辆错过高速匝道的汽车试图倒车，导致后面的车辆为避免与其相撞，发生侧翻，倒车者的侵权责任问题；两辆汽车在公共道路上飙车，其中一辆发生事故，另一辆汽车的侵权责任；两人打猎，同时开枪射杀一只野鸭，却打中路人，但不清楚是谁开枪导致的，两个打猎者的侵权责任问题。

将什么样的损害纳入侵权责任保护范围也是一个争议很多的话题。财产损失不容易引起争议，但健康损害、精神损害、生命损害是否应该纳入赔偿范围，赔偿数额该如何计算值得探讨。伤残类损害通常将受害者的医药费、误工费作为赔偿标准，但受害者的精神赔偿却容易被忽略。由于直接的受害者已经死亡，给死者赔偿是没有意义的，通常只能对死者家属予以赔偿。死者家属受到的伤害是死者未来收入折现的一个比例，其背后的逻辑是死者如果在世的话会将一定比例的收入用来扶养或赡养其家属。但这可能产生一个悖论：如果死者是婴幼儿，其死亡反而给父母节约了一笔费用；不仅如此，这样计算赔偿会导致"撞伤（残）不如撞死"的逻辑，对于加害者而言，撞伤（残）赔偿的费用高于撞死赔偿的费用，最轰动的案例就是撞伤人后选择将其撞死的药家鑫案。另一个难点是有的伤害是不确定的，而且发生在多年以后，比如香烟与肺癌之间的关系。

侵权责任的成立还依赖于行为与损害之间的因果关系。通常对因果关系的理解是没有行为 X 的发生，损害 Y 则不会发生。在现实认定中会产生两个困难，一个困难是如果原因有多个，X 的发生就只是导致 Y 以一定概率发生，或者本来就是 X 发生后 Y 只是以一定概率发生，这时如何认定加害者的责任？是承担一定比例责任，还是 Y 没发生就不承担责任，Y 发生就承担全部责任？另一个困难是法律只认可近因，如果因果链条比较远，法律否认其因果关系，从而将法律的原因与事实的原因区别开来，这又使得该理论显得无法证伪。法律认可的损害赔偿就认为存在法律上的因果关系，法律不认可的损害赔偿就认为不存在法律上的因果关系。比如间接损害常常不被纳入赔偿范围，因此受害者家属的精神损害或导致的其他疾病，都不能获得赔偿。但是在受害者死亡的情况下，家属又为什么可以获得赔偿呢？

最后是如何理解过错。侵权责任要区分严格责任和过错责任，严格责任是不以过错为前提的。对于过错责任，又区分相对过错责任，以对方过错作为抗辩的严格责任，以对方过错作为抗辩的过错责任。为什么会有这些区分，它们的适用范围如何？什么是过错？均需探讨。例如，时速限制有明确的法律规定，但在大部分情况下，法律并没有对偶发性事故做出具体规定，这时如何判定加害者是否有过错，受害者是否有过错？

侵权的构成要件理论与即将介绍的经济学理论有很大的不同。侵权的构成要件理论是基于归纳法从众多侵权案件中提炼归纳而成的，它从公平正义出发，强调对受害者进行事后的补偿。而经济学理论则从效率出发，把侵权法看做一种事前的威慑或激励制度，追求社会福利最大化或社会成本最小化。在一定假设条件下，比如理性、风险偏好、信息等，分析不同责任制度的效率差异。这是演绎法，而不是归纳法。

第二节　事故侵权的经济学

侵权的经济学本质是外部性，这就又回到了科斯的社会成本问题上来。解决外部性的最佳方式可能只需要加害者付出一定的防范努力即可，也可能只需要受害者付出一定的防范努力即可，还可能是双方都需要付出一定的防范努力，这其实就是第一章讲的二次确权。如果只需要加害方付出努力就可以最佳地解决外部性，我们将其称为单边侵权责任事故；如果需要双方共同付出努力才能最佳地解决外部性，我们将其称为双边侵权责任事故；当只需要受害者付出努力就可以最佳地防范事故的发生时，则不存在侵权责任问题。

一、单边侵权责任事故

侵权主要以事故的形式出现，如交通事故、医疗事故、产品责任事故等。非事故侵权，即故意侵权，则很可能与刑事犯罪联系在一起。事故，在经济学里被视为风险，对它的讨论涉及风险的防范、分担和保险。为了简化起见，我们暂时假定加害者和受害者都是风险中性的。

在单边侵权责任事故中，受害者无法影响事故发生的概率，只有加害者才会影响事故的发生，即加害者可以付出一定的防范努力去降低事故发生的概率。比如飞机撞上建筑物、地下煤气管道爆炸、高空抛物等。防范努力不是免费的，需要支付一定成本，事故发生后的损害也可视为成本，对于社会而言，我们应该最小化二者之和。这里最好使用一个简单的数学模型来表达。假定防范努力为 x，每一单位防范努力的成本为 c，对应防范努力 x 为事故发生的概率为 $p(x)$，事故造成的损害为 h，则社会总成本为

$$\min: p(x)h + cx$$

最小化上述社会总成本成为单边侵权责任事故法的目标，求解得最优的防范努力为 x^*。

加害者是自利的，他不会主动最小化上述社会成本函数，只是最小化他自己的私人成本函数。侵权法可以通过让其承担侵权责任的方式影响他的私人成本函数，从而加强他的防范投入，达到最小化社会成本函数的目的。法

律可能的手段有无责任制度、严格责任制度、过错责任制度的设计。

在无责任制度下，加害者不需要为事故损害负责，私人成本就只是防范努力的引致成本，这时，加害者最小化私人成本为

$$\min: cx$$

加害者最优的防范努力是零，即 $x_1 = 0$。显然，它小于 x^*，这是没有效率的。

在严格责任制度下，加害者不得不为事故损害负责，对受害者做出赔偿，这时，他的私人成本与社会成本是一样的，他不得不最小化社会成本函数

$$\min: p(x)h + cx$$

很显然，严格责任制度使得私人的最优防范努力等于社会要求的最优防范努力 x^*。因此，严格责任制度是有效率的。

在过错责任制度下，加害者的防范努力成本低于过错责任标准就需要承担责任；反之，防范努力成本大于等于过错责任标准则不需要承担责任。这时，加害者的私人成本函数是不连续的，在过错责任标准处出现了向下跳跃的情形。

$$\min: p(x)h + cx, \quad 当 x < x^*$$
$$\min: cx, \quad\quad\quad 当 x \geqslant x^*$$

如果法庭按照最小化社会成本函数制定了最佳的过错责任标准 x^*，则加害者也将选择 x^*。因此，过错责任制度在一定条件下也是有效率的。

二、双边责任事故

在多数情况下，最小化社会成本要求双方都付出一定的努力以避免事故的发生，即事故发生的概率既受加害者防范努力程度的影响，也受受害者防范努力程度的影响。假定加害者的防范努力仍为 x，其单位成本为 c；受害者的防范努力为 y，其单位成本为 w；事故发生概率为 $p(x, y)$，损害仍为 h，则社会成本为

$$\min: p(x, y)h + cx + wy$$

最小化上述社会成本，假定得到加害者的最优防范努力为 x^*，受害者的最优防范努力为 y^*。

与前面一样，我们将讨论不同的法律制度如何影响加害者和受害者的防

范努力。

在无责任制度下，加害者的最优防范努力 x 就为零，受害者不得不承担全部损害成本，受害者会付出更大的防范努力来降低事故发生的概率。

$$\min: p(0, y)h + wy$$

在严格责任制度下则刚好相反，这时受害者缺乏防范努力激励，他的最优防范努力 y 为零，加害者承担损害带来的全部成本，加害者会付出更大的防范努力来降低事故发生的概率。

$$\min: p(x, 0)h + cx$$

在过错责任制度下，加害者有过错时承担责任，无过错则不承担责任。与前面对过错责任制度的分析一样，由于在过错责任标准处加害者的私人成本出现了向下跳跃，加害者的最优防范努力是刚好满足过错责任标准。当加害者满足了过错责任标准，受害者将自行承担事故带来的损失，这时，受害者将在给定加害者满足过错责任标准，即投入最优防范努力 x^* 的情况下选择 y，最小化私人成本

$$\min: p(x^*, y)h + wy$$

求解上式，最小化受害者私人成本的最优防范努力与最小化社会成本的最优防范努力是一样的，即 $y = y^*$。这意味着过错责任在双边侵权责任事故中是有效率的。需要注意的是，过错责任制度仅对加害者一方施加了过错责任要求，却使得受害者也不得不采取最优防范努力。为了理解这一点，我们可以把双边侵权责任事故看成加害者和受害者的一个博弈，责任制度改变了博弈参与者的支付，从而改变了纳什均衡。在过错责任制度下，加害者满足过错责任标准成为占优策略，而后不再承担责任，受害者不得不责任自负，从而选择防范努力 y^*。(x^*, y^*) 成为纳什均衡。

尽管过错责任是有效率的，但过错责任可能导致不公平，比如加害者的防范努力成本只是稍稍低于标准 x^*，受害者的防范努力成本则远远低于标准 y^*，它却要求加害者承担全部责任。相对过错责任则可以避免这一点，这时加害者和受害者承担责任的比例为 $\dfrac{x^* - x}{y^* - y}$。同样，由于双方私人成本函数都在过错责任标准处出现了向下跳跃，双方都将选择恰好满足过错责任标准 x^* 和 y^*。所以，相对过错责任制度既是有效率的，也是公平的。

更多的责任标准还有以受害者过错作为抗辩的严格责任，以受害者过错作为抗辩的过错责任。以受害者过错作为抗辩的严格责任指的是，如果受害

者有过错，则加害者不需要承担责任；反之，如果受害者没有过错，加害者承担全部责任。以受害者过错作为抗辩的过错责任指的是，加害者只有在受害者有过错且自己也有过错时才承担全部责任，否则不需要承担责任。

仔细思考一下，我们就会发现过错责任和以受害者过错作为抗辩的严格责任其实是对称的。原因是过错责任针对的是加害者，如果加害者无过错，受害者就要承担严格责任了（自担损失或自负风险），所以过错责任也可以称为"以加害者过错作为抗辩的严格责任"。

既然过错责任或以受害者过错作为抗辩的严格责任就可以实现社会成本最小化，那么，以受害者过错作为抗辩的过错责任就显得有点多余了。因此，在现实中我们可以见到过错责任、以受害者过错作为抗辩的严格责任、相对过错责任，但见不到以受害者过错作为抗辩的过错责任。

为了便于理解这几种责任制度，以双边责任事故为例，加害者和受害者是否有过错的情况下加害者是否承担责任为标准，总结如表 4-1 ~ 表 4-6 所示。

表 4-1　无责任

加害者有无过错	受害者有无过错	
	受害者有过错	受害者无过错
加害者有过错	-	-
加害者无过错	-	-

注：+号表示加害者要承担责任，（+）号表示在相对过错责任中加害者只承担部分责任，-号表示加害者不承担责任。下同。

表 4-2　严格责任

加害者有无过错	受害者有无过错	
	受害者有过错	受害者无过错
加害者有过错	+	+
加害者无过错	+	+

表 4-3　过错责任

加害者有无过错	受害者有无过错	
	受害者有过错	受害者无过错
加害者有过错	+	+
加害者无过错	-	-

表 4-4　相对过错责任

加害者有无过错	受害者有无过错	
	受害者有过错	受害者无过错
加害者有过错	(+)	(+)
加害者无过错	－	－

表 4-5　以对方过错作为抗辩的严格责任

加害者有无过错	受害者有无过错	
	受害者有过错	受害者无过错
加害者有过错	－	+
加害者无过错	－	+

表 4-6　以对方过错作为抗辩的过错责任

加害者有无过错	受害者有无过错	
	受害者有过错	受害者无过错
加害者有过错	－	+
加害者无过错	－	－

　　后面两种责任制度看起来比较复杂，但与过错责任的分析仍有相似之处。由于在过错标准处存在私人成本向下跳跃，这两种责任制度也会促使加害者和受害者都采取最优防范努力，因此也是有效率的。

三、严格责任制度和过错责任制度比较

　　我们在最小化社会成本的框架下证明了在单边责任事故中严格责任制度和过失责任制度在一定条件下是等价的，都是有效率的；在双边责任事故中过错责任制度、相对过错责任制度、以受害者过错作为抗辩的严格责任、以受害者过错作为抗辩的过错责任都是有效率的。那现实中为什么会有这么多种责任制度？下面扩展前面的模型，讨论不同责任制度的适用范围。

（一）考虑行为水平

　　行为水平指个体或群体在特定领域或环境下通过自身行为表现出的能力、权利履行或义务承担的程度，具体含义因学科领域而异。法律领域（权利义务层面）的具体解释：行为水平指法律关系主体通过自身行为直接享受权利和履行义务的能力，例如签订合同、履行法律责任等具体行为表

现。这是法理学中区分"行为水平"（直接实现）与"法律水平"（间接实现）的重要概念。比如开车的里程数、生产的产品数量等。

有些时候，行为水平也会影响事故发生的概率，但它的多少与过错无关，因此无法被纳入过错责任标准。比如交通事故不仅与是否遵守交通规则有关，还与驾驶员开车的里程数有关，开得越多，出事故的概率也会越大。因此，考虑到行为水平以后，严格责任制度可能较过错责任制度更优。

如前所述，在单边责任事故中，严格责任制度和过错责任制度在一定条件下都是有效率的，考虑到行为水平因素，严格责任制度优于过错责任制度。因为严格责任制度会迫使加害者考虑行为水平，而过错责任制度不会，因为无论行为水平是多少，只要满足过错责任标准就不再承担责任。

如果防范行为是多维度的，比如交通事故不仅取决于驾驶员是否遵守交通规则，还取决于其开车的专注度，法律只是将部分维度的防范行为纳入过错认定标准，这时严格责任制度也优于过错责任制度。

在双边责任事故中，严格责任制度是无效率的，肯定劣于有效率的过错责任制度。但如果加害者的行为水平很重要，相对于相对过错责任制度和以受害者过错作为抗辩的过错责任制度，以受害者过错作为抗辩的严格责任制度就优于过错责任制度。

（二）考虑司法行政成本

严格责任导致更多的责任认定，由此带来更多的诉讼，导致产生更多的司法行政成本。过错责任制度虽然有助于减少诉讼，但是一旦起诉，双方会在是否有过错上存在更大的争议，由此产生更多的行政成本。过错责任制度的行政成本更高，它一方面需要确定各自的过错标准，另一方面还要确定责任比例，这在双方的防范努力程度完全不同而不可比时认定会更困难。

（三）司法错误

我们必须认识到法庭有可能犯错误，无论是对赔偿额的认定还是过错责任标准的认定。考虑两类错误，一类是非随机的，一类是随机的。非随机错误要么过大，要么过小；随机错误可能过大，也可能过小。

先考虑非随机错误。在严格责任制度下，法庭只需对赔偿额进行认定，可能过高，可能过低，由此带来加害者的防范努力也会过度或不足。但是在过错责任制度下，法庭对赔偿额认定的失误并不会影响防范努力，因为在过错责任标准处加害者的私人成本存在向下跳跃，低于过错责任标准时，加害者需要支付赔偿和防范成本，大于等于过错责任标准时只需支付防范成本。因此，无论赔偿高低，加害者都会选择恰好等于过错责任标准要求的防范努力。虽然过错责任制度对赔偿额的高低不敏感，但它对过错标准敏感，法庭如果选择的过错标准过低，人们的防范努力也会不足，反之过度。

在过错责任制度中，法庭不仅可能在过错责任标准上犯错误，还可能在当事人是否满足过错责任标准上犯错误，即当事人没满足标准时认为已满足而免责，满足标准时却认为没满足而担责，这时，在过错责任标准处私人成本向下跳跃已经不存在，出现了标准处左右的连续。即使当事人是风险中性的，他也会采取过度的防范努力。如果当事人是风险规避型的，其防范努力则会更过度。而相对过错责任制度存在责任分担，当事人的防范努力均不会过度。

再考虑随机错误。赔偿额的随机错误在当事人风险中性的情况下不影响防范努力的程度，只可能在当事人为风险规避型时防范努力过度。过错责任标准的随机错误由于责任承担的不对称性，会导致加害者防范努力过度，风险规避者会进一步加剧防范努力过度。

四、过错的认定

有的过错责任标准已经由法律明确规定，比如在法律中规定了加害者、受害者是否遵守了交通规则；有的过错责任标准则由行业惯例规定，比如采用医疗手册中的相关规定。一般情况下，满足法律或行业惯例的过错责任标准可以作为免责理由，但是也有例外。原因是有的法律法规制定的标准不一定是有效率的，这种无效率可能源于制定标准时利益集团的影响。同样，行业惯例也不一定是有效率的，因此，法庭在某些情况下可能会进行二次审查。

如果法律和行业惯例都没有规定，在双边责任事故中，法庭又不得不进行过错责任认定，法庭应该怎么做呢？美国著名的法官汉德给出了答案。假定加害者只要付出防范努力，事故就能避免，防范成本为 B；反之，在没有防范的情况下，事故发生的概率为 P，损失为 L。此时，$B \geq PL$ 时无过错，$B < PL$ 则有过错。这就是著名的汉德法则（Hand Rule）。事实上，前文最小化社会成本求解最优的防范投入是一种连续的一般的情况，投入一定的防范努力只是影响事故发生的概率；汉德法则则是一种离散的情况，只要投入一定的防范努力就完全避免了事故的发生，二者的分析是一致的。所

以，按照前文的记号，一般的连续情况下的汉德法则或边际汉德法则是 $c < -p'(x)h$ 有过错，反之则无过错。尽管应用汉德法则还是需要法庭去估计防范成本、事故发生概率和损失，但汉德法则的确为我们判断没有规章或先例可循的情况下如何判定加害者是否有过错提供了指引。事故发生后，损失常常是可以估量的，什么样的防范手段可以避免损失也成为已知，其成本也就比较容易估计，需要估计的就只是事故发生的概率，这又可以从同类案件来判断。

五、损失的估计

最直接的损失估计就是赔偿以使得受害者能够恢复到侵权事故发生以前的状态，即无差异赔偿评估法。财产损失常常存在着替代品市场，采用这种方法简单直接。但对于人身损害类赔偿，这种方法是不可行的，特别是生命价值的评估。生命不存在市场估价，任何评估方法都是有缺陷的。常用的方法是对实际发生的医疗费、误工费、护理费、必要的营养费等进行补偿，如果受害者死亡，则预估其未来收入并对其进行折现。但受害者已经无法得到这笔赔偿，只能由家属来取得。如果受害者仍在世，家属则只能获得受害者收入的一部分，因此如果是赔偿给家属，家属只能得到其收入的一部分，这使得赔偿不充分。而且这种思路在面对侵权死亡者是一个孩子的时候显得更加奇怪，甚至矛盾，因为家长因此反而节省了一笔养育费用！经济学能为我们评估人身伤害甚至生命价值提供什么启示呢？

与前文的思路一致，经济学把事故损失看成是一种风险，损失 L 是未知的、待估计的。如果我们知道了受害者愿意花多少代价 B 去避免它，我们又能够评估事故发生的风险 P，我们就可以反推受害者是如何看待损失的。因为受害者将在规避成本与期望损失之间进行权衡，直到二者相等为止，所以对受害者而言，损失 L 就等于 $\dfrac{B}{P}$。细心的读者会发现，其实这就是前面的汉德法则的一个应用，所以这种评估方法也被称为汉德法则评估法。它将赔偿与保险联系起来。人们什么时候会购买保险呢？当事故发生以后，金钱变得更有价值的时候，人们会购买保险。这也解释了为什么有些损失是法律不予认可的，比如财产损失带来的精神损害、"传家宝"的损坏、宠物死亡的损失，因为它们的损失或死亡不会影响金钱的效用。

汉德法则评估法的好处是可以借鉴保险市场的精算方法，避免现有评估方法的不合理之处，如"撞伤（残）不如撞死"，以及现有评估的逻辑不自洽，如小孩子死亡的生命价值评估。

六、损失的赔偿范围

对于受害者的索赔主张，法庭可能完全否认，也可能部分否认。完全否认意味着否定侵权行为的性质，部分否认意味着认可侵权行为，但不认可对于间接损害的赔偿。

几年前，西南财经大学主校区从成都市青羊区光华村搬到温江柳林校区，曾经号称"小香港"的光华村从此没落，失去了往日的繁华，就连对面的某百货公司也不得不关门大吉。这些商家可以向西南财经大学索赔吗？虽然我们都知道不能，但当我拿这个问题问法学院的同学时，他们却给不出一个合理的答案。想了许久，有的同学终于按照构成要件理论给出西南财经大学没有过错的理由，但我追问为什么没有过错时，同学就被问倒了。经济学的理由是什么呢？西南财经大学主体校区的搬迁，虽然导致光华村商家的没落，但温江柳林校区东门外另一个"小香港"崛起了。因此，从社会的角度来讲，损失并未发生，故西南财经大学无须赔偿。与此类似，竞争行为带来对手商家的损失，也无须赔偿，因为经济学已经告诉我们正是竞争带来了资源的有效配置。

你开车时与另一辆车发生交通事故，造成后面堵车，你并不需要支付被迫堵车的其他人的时间成本。如果只是发生擦剐，对于发生事故的另一辆车，你也只需要支付车辆的财产损失，并不需要支付车主维修的时间成本，或者车辆需要维修导致不能用车带来不便的成本。如果发生人员伤亡，则你需要支付救治的医疗费用，误工费用，住院伙食补助费、护理费、交通费、住宿费、必要的营养费和财产损失；造成人员残疾的，还包括残疾赔偿金、残疾用具费及因康复护理、继续治疗实际发生的必要的康复费、护理费、后续治疗费等；造成人员死亡的，还包括死亡补偿费、丧葬费、被抚养人生活费以及受害人亲属办理丧葬事宜支出的交通费、住宿费和误工损失等。受害人或者死者近亲属遭受的精神损害，可以请求人民法院做适当补偿。精神赔偿仅限于人身权益，如生命权、健康权、身体权、姓名权、肖像权、名誉权、荣誉权、人身自由权等，但财产损失引起的精神损害不在赔偿范围之内，逻辑与前文"传家宝"的损坏、宠物死亡引起的精神损失不予赔偿相似。

构成要件理论对损失是否被纳入赔偿范围的认定标准是近因和远因，只有侵权行为是损失的近因时，该损失才可以被纳入赔偿范围，因此间接损害常常被排除在赔偿范围之外。从社会的角度来讲，间接损害也是损失的一部分，似乎不纳入赔偿范围，就会导致加害者的私人成本小于社会成本，导致防范努力不足的问题。我从经济学的角度给出一个解释：间接损害相当于复合彩票，一个小概率事件乘以事故发生概率导致更小的接近于零的概率，当事人会认为这是不可能发生的。因此，无论将其纳入赔偿范围与否，都不会影响人们的防范投入。这种损害就应完全由受害者自己承担，或通过投保的方式分散风险。反过来，在后面讲的故意侵权赔偿中，间接损害也应该被纳入赔偿或处罚范围[1]。

七、按照期望值还是实际值进行赔偿？

从事前的角度来看，损失是一个随机变量，可能很大，也可能很小，那么应该按照实际值还是期望值赔偿呢？比如违反交通规则发生交通事故时肇事者可能撞上的是劳斯莱斯，也可能是三轮车。按照期望值来赔偿虽然表面上可以达到相同的激励效果，但它是不公平的，因为三轮车车主获得了过多的赔偿，劳斯莱斯车主获得了过少的赔偿[2]。现实是人们常常认为三轮车应该按照实际价值来赔偿，但撞到劳斯莱斯时，却希望按照期望值来赔偿。理由是劳斯莱斯车主也有"不对"的地方，就好像一个人抱着易碎的古董在闹市区行走，这会给其他人带来风险。这个理由看起来有些不可思议，其实它是在"滥用"科斯定理，因为科斯强调的正是外部性中因果关系的相互性。但是在劳斯莱斯车主遵守交通规则，没有过错的情况下，法律已经认定这是一起单边责任事故，也就是说因果关系是单向的，而不是相互的。在双方都有过错、两辆车都遭受损失的情况下，我们可以把它看成两个事故，按照前面的模型进行分析。这时，即使劳斯莱斯车主过错更严重，承担大部分责任，小部分责任也会让另一方难以承受。但是只有让加害者既赔偿三轮车的损失，又赔偿实际的可能非常大的劳斯莱斯的损失，才能使其投入最优防

---

[1] 比如一场交通事故导致孩子死亡，其父母伤心不已，自杀身亡，这不会影响赔偿；但若孩子斗殴致死，其父母伤心不已，自杀身亡，则法官будет将其纳入量刑考量。

[2] 虽然经济学强调效率，但是如果能够同时满足公平，则更容易被人们接受。

范努力。当然，如果是事前规制，可以按照期望损失进行处罚。

八、按照加害者收益还是受害者损失进行赔偿？

前文假定侵权行为带来了损失，不过有时候加害者有可能从侵权行为中获得收益，比如知识产权中的侵权行为，这时是应该按照加害者收益还是受害者损失来制止其侵权行为？从表面上来看，按照加害者收益就能精准地威慑其侵权行为。但这是不对的，因为我们的目标是最大化社会福利，而不是简单地威慑侵权行为。如果加害者的收益大于受害者的损失，按照收益计量，就制止了对社会有利的行为；如果加害者的收益小于受害者的损失，按照收益计量，虽然可以达到威慑的目的，但前提是法庭能够准确估计加害者的收益，如果收益具有主观性，难以准确计量，按照收益计量就可能估计值过小，不足以威慑加害者。因此，以受害者损失作为赔偿标准是最佳的[1]。

九、为什么是受害者获得赔偿？

赔偿受害者，使其恢复到被侵权以前的状态，是公平使然，这是传统法学的思路。经济学的思路则截然不同。在经济学看来，侵权是一种外部行为，具有外部性，侵权法的目的是通过侵权责任制度将外部性内部化，法律通过施加赔偿责任改变加害者的私人成本从而起到威慑作用。如果是通过赔偿起到威慑作用，加害者需要承担损失的代价，但不一定需要把代价给受害者。因此，从效率的角度理解侵权法，产生了一个新问题，就是为什么是受害者获得赔偿，而不是国家？经济学的解释是：如果由国家来接受赔偿，那么在民事侵权案件中，受害者通常拥有加害者的私人信息，如果受害者一无所得，受害者就会与加害者在法律的阴影下谈判或和解，并得到一个小于损失的赔偿额，如此，将会产生威慑不足。由此，也可以推出下一章在对刑法的讨论中，如果受害者不拥有信息优势，则刑事附带民事赔偿并不是那么受重视的原因。

---

① POLINSKY A MITCHELL, STEVEN SHAVELL. Should Liability be based on the Harm to the Victim or the Gain to the Injurer? [J]. Journal of Law, Economics, and Organization, 1994 (10): 427-437.

第三节　扩展

本节放宽上一节基准模型的一些假设，比如理性、风险中性、完全赔偿能力、非故意、单方侵权等。

一、理性

基准的侵权模型假定加害者、受害者都在进行理性的成本收益计算，因此可以通过不同的责任制度将其侵权行为的外部性内部化。现实是当事人可能不能准确预期事故发生的概率。行为经济学发现人们常常错误估计小概率事件，低估罕见且相对乏味的风险，高估频发但特征鲜明的风险，这可能造成防范不足或防范过度。比如受害者完全忽视了事故发生的可能性，这时，适用过错责任就是无效的，采用严格责任更合适。

有的事故可能是另一类有限理性导致的，如"踉跄的脚步、颤抖的手、注意力分散、舌头失控、软弱的意志、情绪爆发、距离误判、结果误算等"。这使得实际的防范努力与主观的防范努力出现差异，导致侵权法里有不少"运气"不好的侵权人遭到追究。比如驾驶员 A 一直按照限速 60 千米/小时行驶，却由于注意力上的偶然失误，在临近终点时出了事故，而当时车速为 70 千米/小时，如果他一直以 60 千米/小时的速度开车，本来是可以避免事故的。反过来，另外一种情况是驾驶员 B 大部分时候都在超速，只是在临近终点时车速在 60 千米/小时以下，这时却出了事故。按照过错责任原则，A 将承担责任，B 则不需要承担责任。A 在大部分时间里主观上没有过失，在部分时间里偶发性存在过失，当偶发性过失酿成事故时，他很"倒霉"；B 在大部分时间里是有主观过失的，但恰巧在事故发生时开得很慢，逃过了责任，算是"走运"。由于第三方难以观察，法庭很难以主观过错作为标准。但法律可以对一些防范成本较高的人实施准入限制，比如禁止未成年人或年龄较大的人驾车。

二、保险

前面的基准模型假定加害者和受害者都是风险中性的，本节放宽该假定。面临未来可能遭受的风险，风险规避者希望通过购买保险将风险转嫁出去。侵权责任对于加害者而言，也是一种风险。如果法律禁止责任保险，在严格责任制度下，风险规避的加害者会防范过度，从而降低行为水平。如果法律允许责任保险，在严格责任制度下，加害者就可以通过购买保险的形式将责任风险转嫁出去，但这种责任风险与加害者的行为有关，购买保险以后加害者的防范努力程度可能会降低，经济学将其称为道德风险。保险公司为了应对加害者的道德风险，在可以观察加害者的防范努力程度的情况下，将对加害者的行为进行监督。如果保险公司能够充分监督加害者的行为，那么，加害者将通过购买责任保险而免除风险，受害者将因为侵权责任制度而免除风险；如果保险公司不能观察加害者的防范努力程度，它还可以将保费与免赔额联系起来，用低保费与高的免赔额、高保费与低的免赔额进行组合，通过降低保费的形式来激励加害者提高防范努力程度。不过，这意味着加害者也需要承担一定责任风险，所以保险是不完全的。同时，受害者还将受到责任制度保护而免除风险。因此，总的来说，引入保险以后，受害者不会受到影响，加害者却因责任保险而得利，这是一种帕累托改进，因此法律并不反对责任保险。

在过错责任制度下，加害者满足过错标准以后不再承担风险，就不会买保险，这时，风险规避的受害者将购买保险。当法庭在过错责任认定上可能犯错误时，加害者仍然面临风险，也会购买保险。

如果受害者购买了保险，受害者将受到保险和责任制度的双重保护，过度保护可能会产生激励受害者"碰瓷"的效果。为了避免这种情况，保险公司会以调整保费或在"碰瓷"情形下的免赔条款来降低受害者的道德风险。

三、判决受阻（judgment proof）与转承责任（vicarious liability）

面对巨额的赔偿责任，加害者可能财产有限，无力赔偿，如果以加害者的财产作为赔偿上限，这会带来有限责任下的道德风险。由于责任存在上限，加害者甚至有可能不愿意购买保险。对个人而言，有限责任激励其从事高风险活动；对企业而言，有限责任激励其将高风险业务分离打包给子公司。解决的办法包括采用强制责任保险、实行财产最低要求的准入门槛、直接的行为管制、刑事责任（对个人）、揭开公司"面纱"原则（对公司），以及转承责任。

转承责任指的是雇主可能为雇员的侵权行为承担责任，监护人可能为被监护人的侵权行为承担责任。其背后的经济学原理是委托人、监护人可能具备更多的信息，包括代理人和被监护人的品质和防范努力程度，从而在任务分配和任务监督上避免可能的逆向选择和道德风险。不过，严格的转承责任可能导致委托人和代理人、监护人和被监护人合谋，隐瞒侵权事故。

四、故意与惩罚性赔偿

故意的通常含义是加害者有意加害受害者，加害者的行为与受害者的损失存在确定性关系。那么这是否意味着如果损失是不确定的，就不存在故意加害呢？显然不是。因为即使是故意加害，也有失败的可能。由于故意是一种主观动机，第三方难以观察，这就为判定带来了困难。波斯纳提出了一种判定方法，即比较防范成本与期望损失的相对大小，当防范成本远远小于期望损失时，就被认为是故意。

在表4-7中，情形1、4的防范成本大于期望损失，无过错；其他情形均有过错。情形2、3虽有过错，但防范成本与期望损失相差不大，情形2属于标准的过错，情形3的过错较严重。情形5、6、7的期望损失都远远大于防范成本，情形6、7的防范成本为负，即加害者从损失中获益，情形7的事故发生概率接近1，更可能认定为故意或蓄意伤害。情形5和6存在一定争议。情形5中的加害者虽无获益，但可能招致的损失与防范成本相比，差距比情形6还大，而且损失发生的概率也很高，所以将情形6认定为故意，情形5也应该被认定为故意。

对蓄意伤害，即规避市场交易的行为，宜通过财产规则来处理，即施以惩罚性赔偿。对严重不负责任的行为，期望损失与防范成本相差如此之大，以至于法庭不太可能犯错误，也不存在加害者声称自己的防范成本更高的辩护理由。所以故意就有了两个经济学标准：是否应该实施惩罚性赔偿；是否存在过错的辩护理由。

表4-7　防范成本与期望损失对责任判定的作用

序号	p	L	pL	B	责任判定
1	0.002	10 000	20	20 000	无责任（不可避免）
2	0.002	10 000	20	15	过错

表4-7(续)

序号	p	L	pL	B	责任判定
3	0.002	10 000	20	5	严重过错
4	0.900	10 000	9 000	10 000	可以辩护
5	0.800	10 000	8 000	2	严重不负责任
6	0.010	10 000	100	−10	严重不负责任
7	0.900	10 000	9 000	−10	蓄意伤害

注：表中 p 为事故发生的概率，损失为 L，防范成本为 B。

五、共同侵权与责任分担

如果加害者不止一个，用经济学术语来说，侵权是一种"团队生产"，当受害者从其中一个加害者那里获得赔偿以后，该加害者是否有权要求其他加害者分担责任？如果缺少一个加害者则侵权事故不会发生，此时，无分摊规则将为加害者提供完全的激励，分摊规则则激励不足。但如果受害者可以分别向每个加害者获得全额赔偿，他就有"碰瓷"或成为受害者的渴望，所以无分摊规则必须限制受害者重复索赔。因此，这时不存在最优的责任制度安排。允许受害者向任何一个加害者索赔，有助于免除其证明哪个加害者有责任以及责任多少的负担，也有助于其寻找更有支付能力的加害者索赔，增加了索赔成功的可能性。

共同侵权分为同时共同侵权和序贯共同侵权。

同时共同侵权的基准模型为

$$\min: p(x, y, z)L + A(x) + B(y) + C(z)$$

其中，A、B 为加害者，C 为受害者。在同时共同侵权中，如果其中一个加害者的防范成本比较低，且缺少任意一个加害者都可以完全避免事故的发生，那么防范成本更低的加害者应该承担全部责任，防范成本较高的加害者不承担责任。当然，如果受害者防范成本最低，且防范以后可以完全避免事故的发生，则受害者损失自担，加害者就不用承担责任。

序贯共同侵权的基准模型为

$$\min: p(x, z)\left[L + q(x)D\right] + A(x) + B(y) + C(z)$$

其中 L 为首次损失，D 为二次损失。通过简单的计算可以发现首次加害者不仅要承担首次损失责任，还要承担期望的二次损失责任；二次加害者则仅承担二次损失的一部分。

拓展阅读

1. 萨维尔. 事故法的经济分析 [M]. 翟继光，译. 北京：北京大学出版社，2004.

2. 考特，尤伦. 法和经济学：第 6 章、第 7 章 [M]. 6 版. 史晋川，董雪兵，等译. 上海：格致出版社，2012.

思考题

1. 全国各地不时出现宠物伤人事件，试论其侵权责任划分。

2. 高空抛物案找不到加害者，如住户无法自证清白将分担责任，成为"无辜的加害人"，理由是什么？

3. 前车急刹，导致汽车追尾，为什么后车全责？

第五章

刑法与执法

第一节　刑法理论与犯罪学

　　总结法庭定罪量刑的动态思维过程，刑法学者提出了三阶层理论，包括该当性、违法性和有责性三个阶层。该当性（符合性）考虑的是犯罪行为该当何罪，其判定依据为犯罪行为与某罪名构成要件的对比（主体、行为、危害结果、因果关系）；违法性（阻却事由）考虑是否违法，法律是否允许该行为，是否有正当防卫、紧急避险、执行法令、被害人同意、自救等情形；有责性（阻却事由）考虑是否承担法律责任，行为人是否有责任能力（年龄或精神病限制），期待可能性，是否故意或过失等。三阶层是一种层层递进的关系，在该当性满足后再考虑违法性，在违法性满足后再考虑有责性。

　　法律天然是不完备的，司法实践中要实现某个犯罪行为与某个罪名或刑法分则法条一一对应即满足该当性并不容易。现实中常常出现的情况是两可：一个犯罪行为似乎既满足 A 罪名的构成要件，又满足 B 罪名的构成要件。典型的是调包案，究竟应该以盗窃定罪还是以诈骗定罪？周光权教授认为应该定性为盗窃罪而不是诈骗罪，理由是发生财产转移的那一刹是盗窃，后面的欺骗手段只是一种掩盖行为。但在实务中，法官常常将调包行为认定为诈骗，周光权教授据此认为法官裁判有误。但周光权教授的理由就是充分的吗？在调包行为中，罪犯取得财物的手段同时包括了窃取和事后的欺骗掩盖，二者对成功获取财物而言是不可分割的，为什么就非得以取得财物的那一刹来认定呢？为什么就不能以诈骗罪定罪，或者二者皆可呢[①]？正如桑本谦教授批评的："正反双方都用要件识别的套路来论证自己的观点，但在相互反驳时却说不出个所以然。有争议很正常，真理越辩越明。但若每个人都觉得真理站在自己一方，却不能解释别人为什么错了以及错在哪里，辩论就形成不了共识，争议的解决最后还要依靠某种权力因素。"[②]

　　为了应对法律的不完备性，刑法教义（解释）学应运而生，专门用于

―――――――――――――

　　① 周光权. 刑法理念与防止错案［EB/OL］.（2022-06-01）［2025-03-09］. https://wenku. baidu.com/view/b742817e2d3f5727a5e9856a561252d380eb20f7.html.

　　② 桑本谦. 从要件识别到变量评估：刑事司法如何破解"定性难题"［J］. 交大法学，2020（1）：29-46.

处理上述问题。这套理论有一大堆让外行初听起来高深莫测、有点摸不着头脑的概念，如法条竞合、想象竞合、连续犯、牵连犯、吸收犯等。从表面上来看，它们是基于概念的独立、包容和交叉进行界定、分类；从本质上来看，则是努力实现罪刑相适应，即犯罪危害大小与刑事处罚力度的大小相对应。但如上调包案的例子，刑法理论还做不到无缝衔接。

如果说刑法理论是研究犯罪发生后，有关定罪量刑的理论，犯罪学则是一种前犯罪学科，它把犯罪作为一种现象，研究犯罪是如何发生的，探讨其规律，进而分析犯罪的预防和威慑，相应的视角包括犯罪生物学、犯罪心理学、犯罪社会学等。

经济学既把法律作为一种现象，也把人的行为包括犯罪行为作为一种现象进行研究，分析其规律。对刑法的分析是以对人的犯罪决策分析为前提的。对经济学而言，不存在犯罪前、犯罪后的区分问题，因为它认为犯罪后的处罚会影响到事前的犯罪选择。总的来讲，它与犯罪学更为接近，只是它更偏重于对犯罪的理性决策解释，即基于社会福利最大化来分析犯罪的预防和威慑。

第二节　刑法经济学

一、何为犯罪？

刑法是以刑事处罚威慑犯罪的法律。但什么是犯罪？刑法理论以犯罪的构成要件作为犯罪的界定标准。但满足犯罪的构成要件，同时也会满足侵权的构成要件，这就引出另一个问题：侵权法与刑法的界限是什么？比较二者我们会发现很多不同，侵权法是民事法律（私法），刑法是刑事法律（公法），刑法动用国家机器侦破犯罪、处罚罪犯，刑事诉讼的证据标准要求更高。但要仔细分析为什么有的行为用侵权法规范即可，有的行为需要刑罚威慑，是非常困难的，以是否故意、行为危害的是个人还是社会、加害者有无能力赔偿等进行分界都是有问题的，以至于有的学者在一定程度上放弃了这一努力，认为刑法存在的原因无非是民事法律，包括财产、合同和侵权，对某类行为无法控制而不得不引入。即单单进行货币性处罚存在威慑不足的问题，因此不得不使用监禁进行威慑或通过监禁剥夺其危害能力。货币性处罚不足的原因可能是加害者财产有限导致的道德风险，也可能在加害者有足够赔偿能力的情况下发生，如醉驾、交通事故逃逸等。引入刑事处罚之所以有效，原因是罪犯标签有耻辱功能，不贴上罪犯标签就不足以威慑其犯罪动机。

二、犯罪选择

犯罪既可能是理性的选择，如盗窃、诈骗、抢劫、谋杀，也可能是非理性的选择，如激情犯罪，因此存在着两种犯罪选择理论，一种是理性选择理论，另一种是非理性选择理论。

理性选择理论认为罪犯进行犯罪决策时也在做成本收益权衡，选择犯罪及其严重程度以最大化效用，犯罪越严重（比如贪污），犯罪收益越大，但被发现的概率越大、被发现后遭受的处罚也越重。假定罪犯是风险中性的，理性犯罪选择模型可以写为

$$\max: u(x) - p(x)f(x)$$

其中，u 表示犯罪收益或效用，x 表示犯罪的严重程度，p 表示被发现并处罚的概率，f 表示处罚的力度。

由于处罚是不确定的，犯罪成为一种高风险行为，考虑到罪犯的风险态度，更一般的模型可以写为

$$\max: (1-p)u(w+x) + pu[w-f(x)]$$

其中，w 表示罪犯的初始财富。由于期望处罚等于处罚概率和处罚力度的乘积，当罪犯是风险中性的时，二者的效果没有区别。但引入风险态度后，贝克尔发现，如果罪犯是风险规避者，他会对处罚的力度更敏感；如果罪犯是风险偏好者，他会对处罚的概率更敏感。对社会而言，社会福利等于犯罪收益减去损失，再减去执法成本，包括增加警力以加大处罚概率带来的成本、延长监禁以加大处罚力度带来的成本。罪犯对处罚的力度还是处罚的概率更敏感涉及执法资源的最优分配问题。面临可能的处罚，犯罪是一个高风险职业，人们通常认为选择犯罪的人更可能是风险偏好者，因此，宜将更多资源分配在警力而不是监狱上。

激情犯罪的本质是罪犯受情绪控制，用经济学语言来表达就是贴现因子在犯罪时刻变得过低。人的情绪是变化的，大多数时候人能够理性权衡现在与未来，少数时刻则有可能处于亢奋激动状态，过于看重当前情绪的宣泄而

忽视未来的处罚后果。如果把情绪用经济学语言表述为贴现因子，看做一个随机变量，当贴现因子过低时（看轻未来），人更可能做出一些冲动性行为，或更可能犯罪。如果贴现因子过低，长时间监禁就没有多大效果，但增加警力，提高处罚概率，让处罚迫在眉睫，效果将会更好①。相对于成年人而言，青少年情绪更不稳定，更容易冲动，做事容易不计后果，因此对青少年而言，确定性处罚比更大的处罚力度效果更好。

三、犯罪的最佳威慑

与对侵权法的分析类似，法律制度的选择（处罚概率和处罚力度的选择），取决于社会福利最大化的需要。社会福利包括犯罪的收益减去损失和执法成本之和。执法成本包括增加警力的成本和执行处罚的成本。处罚通常可以分为罚金和监禁两种。法律经济学一般假定罚金只是社会财富的转移，不耗费成本。而监禁可能带来两种成本，一是监狱的运作（监狱的建造和维护、狱警的工资等）本身需要成本，二是监禁本身会给罪犯带来负效用或机会成本。

首先，威慑或期望处罚等于处罚概率和处罚力度的乘积，而处罚是以被定罪为前提的，那么，处罚力度引致的成本也是以定罪为前提的。因此，加大处罚力度，同时降低处罚概率，保持威慑不变，会降低发现、逮捕罪犯引致的警力支出成本。

其次，在罚金和监禁二者之间选择以处罚犯罪应优先选择罚金，因为罚金很大程度上只是财富的转移，监禁却会带来实实在在的成本。如果罚金能够带来足够威慑，就不宜使用监禁。但如果罚金受到罪犯财富的限制，这时将不得不采用监禁的手段②。当然，监禁还有一个功能：将罪犯监禁以剥夺罪犯再次犯罪的能力（incapacitation）。因此，对于高度危险的罪犯，即使其有能力缴纳罚金，也应该使用监禁。不过，随着罪犯年龄的增长，无论是犯罪意愿还是犯罪能力都会下降，这时监禁作为剥夺犯罪能力的作用就下降了③。

---

① 这与理性犯罪模型中的风险偏好结论类似。
② 严格来说，违法者还可以借钱交罚金，因此，罚金的上限取决于其融资能力。
③ 这是罪犯虽有能力交罚金却对罪犯实施监禁的一个原因。另一个原因是如果交罚金可以替代监禁，富人更可能以罚金免刑，而金钱对富人的边际效用递减，导致富人实际遭受的处罚更低。当然，可以对富人实行"价格歧视"，同样的罪责施以更重的罚金。但法律通常是整齐划一的，再加上金钱的处罚效果也会随着通货膨胀的上升而降低，对富人实行价格歧视式的高额罚金，通常并不可行。

再次，期望处罚与损失存在着一定的对应关系。事实上，当处罚没有成本，比如仅使用罚金时，最佳威慑意味着期望处罚等于损失。这意味着，损失越大，最优的期望处罚也会越大，它可能是处罚概率的提高，也可能是处罚力度的加大。当处罚有成本，"罪刑相适应"或处罚力度与损失并不是一种简单的比例关系。法律经济学对"罪刑相适应"或比例原则的称呼是边际威慑，即损失增加，威慑也增加，但威慑的增加既可能是处罚概率的提高，也可能是处罚力度的加大。

最后，刑罚是否需要考量犯罪收益。显然，考虑到财产转移存在收益与损失相抵的情况，人身伤害一般来说比财产犯罪的处罚更重。对于特殊情况下的财产转移，甚至可不认为是犯罪，比如因饥饿而实施的盗窃。同样，紧急避险、正当防卫也可能被减刑或免罪。从他人的痛苦中取乐的犯罪被加重处罚，不是不考虑犯罪的收益，而是主要考虑它的危害性，加重处罚考虑的是剥夺其犯罪能力。

四、应用

如前所述，威慑是处罚概率和处罚力度的乘积，这意味着处罚概率和处罚力度存在着替代关系，"高处罚概率、处罚力度小"和"低处罚概率、处罚力度大"将形成一个搭配组合，这可以解释在损失基本相同的情况下，刑法中的罪名与处罚的力度对应。

前文强调在概率和处罚二者可选的情况下，最佳的应对方式是"低处罚概率、处罚力度大"。但有的时候，对于执法者来说，处罚概率并不能完全取决于执法投入。在损失相同的情况下，有的犯罪被发现的概率要明显大于另一种犯罪。比如侵占和盗窃本质上都是将他人财产据为己有，但侵占罪的犯罪主体相对容易确定，与民事案件非常类似，受害者很可能拥有加害者的信息。侵占罪甚至规定，"本条罪，告诉的才处理"。将二者刑罚规定做一下对比，可以发现，盗窃罪的规定是："盗窃公私财物，数额较大的，或者多次盗窃、入户盗窃、携带凶器盗窃、扒窃的，处三年以下有期徒刑、拘役或者管制，并处或者单处罚金；数额巨大或者有其他严重情节的，处三年以上十年以下有期徒刑，并处罚金；数额特别巨大或者有其他特别严重情节的，处十年以上有期徒刑或者无期徒刑，并处罚金或者没收财产。"侵占罪的规定是："将代为保管的他人财物非法占为己有，数额较大，拒不退还的，处二年以下有期徒刑、拘役或者罚金；数额巨大或者有其他严重情节的，处二年以上五年以下有期徒刑，并处罚金。"与盗窃罪相比，对侵占罪的处罚明显要轻些。侵占罪中又分离出一种特殊的侵占即职务侵占，但职务侵占罪的处罚力度比普遍侵占罪要大："公司、企业或者其他单位的人员，利用职务上的便利，将本单位财物非法占为己有，数额较大的，处五年以下有期徒刑或者拘役；数额巨大的，处五年以上有期徒刑，可以并处没收财产。"原因是职务侵占的受害者要么不知情，要么"搭便车"，使得被处罚概率降低。

曾经在公众和学者中间引起极大关注的许霆案，其一审判决之所以引起质疑，并不是由于其获利不是寻租行为，不应该受到威慑，而是按照对应罪名的威慑力度明显超过了人们对该行为危害性大小的认知。部分法学家提出的"受害人过错""引诱犯罪""期待可能性"对该案而言都经不起推敲[①]，最重要的理由还是立法的量刑规定有一个处罚概率的预期，这个预期是立法者基于过往盗窃罪侦破概率信息而来的。但许霆案以自己的储蓄卡，利用取款机故障，在 ATM 机的摄像头下"公开盗窃"，打破了立法者对于盗窃罪的通常的处罚概率预期，因此对应的处罚也应该随着处罚概率的上升而下调[②]。从这个角度来讲，对许霆案的处罚认定已经类似于侵占罪而非盗窃罪，最后二审判决正好等于侵占罪的顶格处罚[③]。这是一种罕见的"既非驴也非马"的情形。

很多时候，处罚概率可能因为罪犯的努力而上升或下降，相应的处罚也就需要减轻或加重。比如有预谋的犯罪更可能掩盖罪行，降低处罚概率，相较于冲动型犯罪，将受到加重的处罚。交通肇事逃逸甚至使一个侵权案件演变为一个刑事案件。反过来，自首提高了处罚的概率，处罚也就相应减轻了。

处罚概率还可能随着侦破技术的发展而提高，比如摄像头的普及，指纹、DNA 识别技术的提高，大数据的出现，都可能促使未来许多刑事处罚

---

① 若以汉德法则来认定过错，银行保证 ATM 不出错的成本高于预期损失，因此银行并无过错；银行也无引诱取款人犯罪的动机和故意；取款人面对 ATM 出错，我们期待一个理性的人应该知道提取不属于自己的钱财是违法的，也不存在难以选择合法（适法）行为的情况。期待可能性是指实际上选择守法的成本高于选择违法的成本。在这里，选择守法的成本为零，选择违法的成本为期望处罚，故期待可能性不成立。

② 桑本谦. 传统刑法学理论的尴尬：面对许霆案 [J]. 广东商学院学报，2009（5）：67-74.

③ 高艳东对其进行了法教义学的论证，参见：高艳东. 从盗窃到侵占：许霆案的法理与规范分析 [J]. 中外法学，2008（3）：457-479.

力度减轻。短时间内我们可能看不出变化，但从长远历史的角度，会发现轻刑化是趋势，而轻刑化的原因则是侦破技术的提高。

处罚随着损失的增加而加重，这被称为边际威慑。一般情况下，损失的增加也伴随着犯罪收益的增加，如果没有边际威慑，罪犯将倾向于选择更严重的犯罪。比如将强奸犯一律处以死刑，后果是强奸犯极有可能进一步演变为杀人犯。根据边际威慑的原理，犯罪未遂、犯罪中止带来损失的降低，当然也就意味着处罚的减轻。对于重大刑事案件，成立专案组，是为增加侦破概率而做出的刑事应对。当交通肇事造成重大伤亡，交通肇事罪的刑罚不足以与之对应时，交通肇事者可能会被以危害公共安全罪定刑，这是在"罪刑法定"原则下的变通。刑法理论强调"罪刑法定"，以此作为对垄断暴力的政府权力的约束，但现实中确实存在特殊情况下"以刑定罪"的变通，"以刑定罪"的本质是刑罚与损失的对应。

五、实证研究

理性犯罪理论有经验证据支持吗？经济学家给出了大量的证据。

犯罪是有利可图的吗？Wilson 和 Abrabamse 比较了犯罪收益与合法工资后发现，在不考虑处罚的情况下，惯犯的犯罪收益的确高于合法工资，偶犯的犯罪收益则低于合法工资。但如果考虑到处罚的成本，犯罪并不是有利可图的。罪犯犯罪时很可能低估了未来的处罚成本。考察了犯罪集团的财务报表后，Levitt 发现底层的犯罪分子的收益的确不如合法工资，以至于他们不得不打点临工补贴家用，但犯罪头目的收入往往不菲，这激励着底层犯罪分子比犯罪头目更乐于喊打喊杀。

如果犯罪是理性的，提高处罚概率和处罚力度将有利于犯罪的减少。不过，直接的统计数据却表明二者是正相关的，原因是犯罪越严重，越需要雷霆手段，因此，处罚力度会影响到犯罪，犯罪也会反过来影响处罚力度。为了解决相互影响的内生性问题，确定处罚力度会影响犯罪的因果关系，需要找到一个与处罚力度有关但与犯罪无关的变量作为工具变量，如果该工具变量与犯罪负相关，处罚力度上升导致犯罪下降的因果关系就能够确认了。对处罚概率，Levitt 找了市长、州长的选举周期作为工具变量，因为在选举期间，警察数量或者警察巡逻次数常常会增加，但这时并不是犯罪数量的变化导致警察数量或者警察巡逻次数的增加，而结果是，在选举期间，犯罪的确减少了。由此，Levitt 证明了处罚概率的提高有助于犯罪的减少。加大处罚力度，犯罪会减少吗？前文已经讨论，增加监禁人数有两个效应，一个是威慑，一个是剥夺犯罪能力，二者都有助于犯罪的减少。首先，Levitt 讨论在押监狱人数是否有助于犯罪的减少。为了解决内生性问题，他使用了美国监狱过度拥挤后不得不提出减刑诉讼的数量作为在押监狱人数的工具变量，证明了监狱人数的增加有助于威慑犯罪。其次，加州在 1982 年通过了一项法案，对符合某些条件的暴力犯罪追加 5 年的监禁处罚。该法案可以看做一场自然实验，用于区分威慑效应和剥夺犯罪能力效应。那些要求被追加处罚的犯罪行为在当年下降了 4%，这是威慑效应的结果而不是剥夺犯罪能力的结果，因为正在服刑的暴力犯罪分子仍在持续服刑。Levitt 甚至还发现，青少年犯罪仍然是理性的，因为对于青少年犯罪的轻刑对待的确导致了青少年犯罪率的上升。

尽管有犯罪与处罚力度负相关的证据，但对于死刑是否会导致犯罪减少，目前来看，证据并不明显。美国社会学家 Sellin 最早检验了死刑的威慑效应，他比较了有无死刑的州的谋杀犯罪率差异，以及同一个州废除死刑前后谋杀犯罪率的变化、每个城市谋杀犯罪率的变化、谋杀警察是否被处死与州警察死亡率的关系。而对此持批评态度的学者认为他没有控制其他条件不变，而且很多时候判处死刑和执行死刑是两回事。经济学家 Ehrlich 的贡献在于控制了其他条件不变，而且他还讨论了犯罪后被逮捕的概率、被证明谋杀成立的概率以及罪名成立被执行死刑的概率与谋杀之间的负相关关系。不过，有学者认为他的结论受到估计时间段的影响，因此，样本也不具有代表性。另有其他学者提供的研究证据也是矛盾的，有的发现死刑与谋杀关系不显著，有的则认为存在显著的负相关关系。尽管美国的死刑政策仍在不断变化，而且州与州不同，给经济学家提供了很好的研究机会，但美国的死刑执行率一直很低，而且具有很大的偶然性，这导致美国的死刑数据并不是一个好的样本。我国是一个死刑执行率相对较高的国家，应该是一个更好的研究样本，但囿于数据保密，这个问题的答案至今未知。

当然，犯罪还与经济环境的变化有关，前文并未对此进行分析，所以这里不做展开。改革开放以后，我国经济条件发生了翻天覆地的变化，国内的实证研究多集中于此，比如农民工进城与犯罪率变化，人口流动与犯罪率变化，数字金融与盗窃、诈骗、传销的关系等。

第三节 执法经济学

一、公力执法

在罪刑法定的原则下，刑法理论是以罪名作为展开的，刑法根据罪名——给出了处罚区间，对法官定刑做了基本的约束。刑法条文成为法官、刑法学者分析的前提，而法律经济学只是把它当作一种有待解释的现象，即为什么一个犯罪行为（A 罪名）比另一个犯罪行为（B 罪名）处罚更重，是因为其造成的损失更严重，还是处罚概率更低，并在社会福利最大化框架下给出解释。如果解释不通，它会推测法律条文迟早会改变，比如法律关于投机倒把罪规定的变化。法律经济学的解释涉及执法资源的最优配置问题，犯罪是有害的，遏制犯罪也是有成本的，我们应该如何在警力、罚金、监禁上最优地分配执法资源。因此，前述对犯罪威慑及其扩展的讨论，就是对公力执法（public enforcement of law）的初步分析。进一步的分析涉及非常技术化的细节讨论，这里不再展开，有兴趣的读者可以阅读 Polinsky 和 Shavell 的综述[①]。

经典的执法经济学一直是在社会福利最大化框架下展开的，这可以解释很多法律现象，但也错过了一些亟待解释的问题。一个有待解释的重大问题是法律文本与执法现实存在着距离（gap），其中的主要原因就是执法者有私利，执法者可能拒绝执行法律，如果不得不执行法律，他也有可能渎职、腐败、作威作福、假公济私。即使执法者的目标是为人民服务，但执法必定会给执法者带来私人成本，当私人成本超过收益的时候，他的最优选择是偷懒，这时就需要激励，但激励过度，反而有可能扭曲执法者的选择，甚至可能逮捕一个无辜者来充数。因此，为了获取执法收益（罚款更容易转化为私人收益），在激励过度而又缺乏监督的情况下，执法权可能演变为合法伤害权。在执法经济学的经典讨论中，罚款作为财富的转移，是没有执法成本的，应该优先使用，但现实是罚款极可能扭曲执法者的行为，即使在我国进

---

① 戴治勇. 执法经济学：一个文献综述 [J]. 管理世界，2008（6）：161-167.

行财政"收支两条线"改革以后，由于存在罚款的比例返还，在涉及罚款的违法事项中，执法者有过度执法的激励。执法者机会主义行为可能改变立法意图的类型如表5-1所示。

表5-1　公力执法可能改变立法意图的类型

有无机会主义	是否改变立法意图		
	是		否
无	执法作为手段		最优执法
有	合法伤害权下的执法："钓鱼执法""养鱼执法"（以罚代管）等		
	违法伤害权下的执法：构陷、敲诈、勒索等		
	执法折扣：腐败、懈怠、人情		

注：执法作为手段，指的是执法目的与立法意图不符，但并非出于执法者的私利。比如为了拆迁目的而去彻查一家不服从餐馆的食品安全问题，为了宏观调控目的而去彻查一家不服从企业的税收问题。"钓鱼执法"曾引起广泛关注的两个案件，一个是上海打击违法出租车时使用"钩子"假意打车，让"野租儿"司机落入陷阱，"钩子"为了获利，各出奇招，甚至扮作孕妇求助，最后使"见义勇为"的私家车司机上当被罚，私家车司机奋起反抗；一个是2012年8月，西安警察与卖淫女合谋引诱年轻男性嫖娼，然后处罚私了，被媒体曝光。"养鱼执法"因为交通警察向超重卡车司机售卖月票、季票、年票的"免罚金牌"而得名，即执法者为了获利，纵容甚至鼓励违法。

面对执法者的道德风险，可能的约束有薪酬制度激励、职业生涯声誉激励、法律规则与执法程序[1]。薪酬制度激励、职业生涯声誉激励，与对公司CEO的激励是类似的。Becker和Stigler最早讨论执法者的薪酬制度激励时，认为除了在行为难以被观察到的情况下"高薪养廉"以外，特别提到了部分薪酬的有条件延期支付，这种支付可以是养老金的形式，延期支付以执法者的恪尽职守为前提[2]。与CEO类似，执法者的职业生涯主要表现为职位晋升。

法律规则和执法程序约束是执法者激励约束所特有的。法律规则约束是一种自由裁量权约束，抽象规则（standards）给了执法者巨大的解释空间，自由裁量权越大，执法权越可能演变成为一种合法伤害权；具体规则（bright line rules）则剥夺了执法者的自由裁量权，执法行为易受监督，相对难以形成合法伤害权。但规则越具体，就越难以适应千变万化的真实世界，

---

[1]　张维迎. 信息、信任与法律［M］. 北京：生活·读书·新知三联书店，2006.
[2]　BECKER GARY，GEORGE STIGLER. Law Enforcement，Malfeasance，and Compensation of Enforcers［J］. Journal of Legal Studies，2974（3）：1-18.

越可能没有效率①。比如在限速问题上，"危险驾驶"属于抽象规则，时速限速 120 千米则属于具体规则。具体规则需要不断变化以适应具体情况，但"一刀切"的规则很可能做不到这一点。比如在闹市区的不同街区，时速可能应该有区别，如时速限速为 80 千米，甚至 60 千米、40 千米、20 千米。因此，抽象规则和具体规则的选择首先应基于对效率的考虑。同时，法律规则的选择还要考虑到执法者行为，如果执法者难以被监督，腐败、渎职严重，就更宜选择具体规则，限制其自由裁量权②。比如罚款如果更可能扭曲执法者行为，对使用罚款的规定就最好更具体一些。最后，执法程序约束，比如米兰达警告、禁止刑讯逼供，也是对执法行为的约束，防止其演变成为一种合法伤害权。

民事法律作为私法，"民不举，官不究"，执法权成为合法伤害权的可能性要小得多，因此民事法律也要模糊得多，更多地依赖抽象规则。本书前面的分析基本上都属于对抽象规则的分析。刑事法律的执法权如果沦为合法伤害权，对社会的伤害将尤为巨大，需要更多地依赖具体规则加以限制。在"罪刑法定"原则的指导下，对于例外情形，比如正当防卫、紧急避险都有明确的规定。行政管制法规同样需要更具体的规则来限制执法权，罚款尤其可能扭曲执法者的激励，同时，行政管制是一种事前管制规则，面对异质性，更可能在事后是没有效率的。意识到这一点，2010 年，上海率先推出"柔性执法"以改变此前"钓鱼执法"的不利形象，2021 年修订的《中华人民共和国行政处罚法》第三十三条又出台了"首违不罚"的规定。

当我还是一个学生的时候，曾听周其仁教授言，如果所有的法律都严格执行，经济也将被窒息，出现停滞。当时我不能理解这句话，思考了多年以后，才明白其中的道理。当我去西南财经大学柳林校区上课的时候，光华大道是必经之路，其中青羊区与温江区交界处尚未开发，那里有两个红绿灯，并加装了摄像头。十余年来，我从未发现有人过马路，但每次汽车经过的时候都不得不停下来静等红灯变绿。这就是周其仁教授所言的道理的现实呈现。

---

① KAPLOW LOUIS. Rules versus Standards [J]. Duke Law Journal, 1992 (43)：557-629.

② GLAESER EDWARD, ANDREI SHLEIFER. Legal Origins [J]. Quarterly Journal of Economics, 2000 (117)：1193-1229.

前面的分析是将执法者作为代理人看待，执法代理人存在私利，而激励、监督又不完美的情况下，执法会有扭曲的现象，造成法律文本与执法现实之间的距离。事实上，将执法者作为委托人来分析，同样能够发现法律文本与执法现实之间的距离。具体规则可能是没有效率的，这就为法律的选择性执行埋下了伏笔。委托人如果既要考虑经济增长，又要考虑绿色发展、政治稳定，这些目标之间不仅存在协调配合，还可能在某些时候产生冲突。这时，法律就可能作为手段，在某些情形下严格执行，在某些情形下则被束之高阁①。已经有很多文献提供了法律被选择性执行的证据，特别是执法由政府机关主导的时候，比如行政管制的实施②。

二、私人执法

法律不仅可以由国家权力机构来执行，也可以由私人执行，二者各有优势。公力执法的优势主要表现为规模经济，暴力具有规模经济，国家成为暴力的垄断者；但在激励和信息两个维度，公力执法和私人执法各有优劣势。私人执法的目标是利润最大化，这给执法注入了"强心针"，但也带来了过度执法的危险。公力执法的目标不是利润或罚款最大化，它主要受到预算约束的影响，弱激励避免了过度执法，但执法者有偷懒的可能。公力执法者拥有许多私人执法者所不具有的侦查权力，如调取监控录像、银行账户、指纹比对等，当加害者掩盖、藏匿违法行为时，公力执法者有查找、逮捕加害者的信息优势。当不存在掩盖、藏匿违法行为时，信息伴随着损失附带产生，私人执法就有信息优势。因此，民事案件主要由自然人来提起诉讼，刑事案件主要由检察机关来提起诉讼，就是利用了各自的信息优势。

一方面，可能的信息优势促使公力执法试图利用私人执法；另一方面，出于对过度执法的担忧，公力执法又对私人执法进行了适当的干预。激励私人执法表现为有奖举报、对受害者的惩罚性赔偿，干预表现为对构陷、敲诈、勒索的限制。表5-2是私人执法的分类。

---

① 戴治勇. 选择性执法 [J]. 法学研究, 2008 (4)：28-35；戴治勇, 杨晓维. 间接执法成本、间接损害与选择性执法 [J]. 经济研究, 2006 (9)：94-102.
② 胡宁. 选择性监管及其经济后果研究：来自沪深交易所年报问询函的证据 [M]. 北京：人民日报出版社, 2021.

表 5-2　私人执法的类型

是否存在机会主义	是否改变立法意图	
	是	否
无	被人利用	举报
有	构陷、敲诈、勒索等	惩罚性赔偿、告密

许多人不理解对"职业举报者"的限制，比如对王海打假的限制。既然对方违法了，举报有利于"有法必依，执法必严"，为什么还要加以限制呢？原因与前面讲的具体规则可能无法适应千变万化的世界，从而是无效率的有关。法律在很多时候表现为一种具体规则，否则法律就不可能作为一种规则约束，但作为具体规则，它就有可能在某些情况下是无效率的，因此，消除一切违法行为也可能是无效率的。比如违章停车，甚至交通违法，在没有蔓延成为普遍违法的情况下，个别违法在某些时候（如为了救人而闯红灯是有效率的）不应该成为被打击的对象。但是私人执法在罚款私有的激励下更可能演变成为一种合法伤害权，因此，对其予以限制也是有道理的。这种限制可能表现为要求举报者必须同时是受害者，因为存在明确的受害者意味着违法更可能是无效率的，所以"王海打假"要求"王海"们是真正的消费者，而不是职业打假者。非受害者举报、告密，比如因为达不到某种私人目的，亲属、朋友、昔日商业伙伴之间相互举报、告密，已经演变成为一场场新闻闹剧，法律成为人们相互攻讦的工具。

拓展阅读

1. 考特，尤伦. 法和经济学：第 12 章、第 13 章 [M]. 6 版. 史晋川，董雪兵，等译. 上海：格致出版社，2012.

2. POLINSKY A MITCHELL, STEVEN SHAVELL. The Economic Theory of Public Enforcement of Law [J]. Journal of Economic Literature, 2000 (38)：45-76.

思考题

1. 罪犯选择数次小额犯罪或者"干一票大的"，比如两次各偷1 000元或者一次偷2 000元，文中模型有何变化？对处罚力度有何规范含义？在有的情况下，罪犯并不能选择 x 的大小，x 是随机的，这时模型又有何变化？对处罚力度有何规范含义？

2. 在选择性执法背景下，人们的守法决策有何变化？

第六章

诉讼

第一节　诉讼博弈

诉讼通常可以分为起诉、和解、庭审、上诉四个阶段，无论是民事诉讼、刑事诉讼还是行政诉讼，每个阶段都存在原告和被告的博弈。由于四个阶段依次进行，我们完全可以使用动态博弈的逆向归纳法对其展开分析，后一阶段结果将会影响前一阶段的决策。

一、起诉

原告起诉与否取决于其对未来和解或诉讼阶段的期望收益与诉讼费用的比较，如果期望收益大于诉讼费用，包括时间的机会成本，原告将做出起诉决定。被告应诉就意味着也要支付诉讼费用、时间的机会成本，以及可能面临败诉后的赔偿。

一种可能的情况是被告的时间机会成本比较高，即使他有信心胜诉，与原告纠缠也是得不偿失的，这时，原告就可能形成"碰瓷"或"敲诈"，以起诉作为要挟，目的不是诉讼，而是争取被告与之和解，得到和解费用。那么，可否以敲诈勒索为由，阻止原告起诉？当然不行，因为在法庭宣判之前，怎么能认为原告一定会败诉呢？2009 年 7 月，三聚氰胺奶粉受害者之一——某小女孩的父亲郭利就在雅士利集团与其交付和解协议的赔偿金时被潮安县（现为潮安区）警方抓捕，后被潮安县法院一审以敲诈勒索罪判处有期徒刑 5 年。2017 年 4 月，广东省高级人民法院再审，改判郭利无罪。

被告阻止原告骚扰性诉讼的办法是提前支付诉讼费用，比如成立法务部，聘用专职律师。由于诉讼费用已经成为沉没成本，被告有动力与原告死磕，这会吓退大部分原告。这实际上是博弈论中的可置信承诺。

二、和解

诉讼既耗时，又费金钱，如果双方预知审判结果，即原告若胜诉，被告直接按预知结果支付给原告；被告若胜诉，原告直接放弃诉讼，双方都节约了诉讼费用，何乐而不为？双方之所以不和解，有两个可能，一个可能是信息是对称的，但双方对审判结果的预期不一致，乐观主义会促成诉讼，悲观主义会促成和解。另一个可能是不对称信息，比如原告拥有损失的私人信息，被告不知道，或者被告拥有自己是否有过失的私人信息，原告不知道。在存在不对称信息的情况下，不拥有私人信息的一方提出和解金额，如果这个金额大于诉讼期望利益，对方将同意和解，反之则不同意，这是一个信息甄别模型。如果是拥有私人信息的一方提出和解金额，由于存在虚报金额的可能，对方的均衡策略不是一个纯策略，而是一个混合策略，即在同意和解和不同意和解之间无差异，这是一个信号发送模型。Bebchuk 最早提出了一个信息甄别模型[①]，Reingnum 和 Wilde 提出了一个信号发送模型[②]。后来有学者将该思想推广到了辩诉交易中，提出了刑事诉讼的信息甄别和信号发送模型，还有的学者将要么接受要么拒绝的假定放宽，当对方拒绝后，提出和解请求的一方可以重新调整金额后再次提出和解请求，或者对方拒绝后就不再提出新的和解请求，让审判变得可置信[③]。

除了上述两种解释以外，由于诉讼结果是不确定的，和解金额经过讨价还价后是确定的，二者之间的选择就存在行为经济学的解释。卡勒曼和特沃斯基提出了损失厌恶概念，也就是人们在收益为正时是风险厌恶者，在收益为负或损失时是风险偏好者。那么，原告在面临确定性得到和解金额和不确定性得到诉讼收益之间，损失厌恶意味着他会倾向于和解；而被告面临的是确定的和解金额损失和不确定的诉讼损失，损失厌恶意味着他会倾向于诉讼。

除此以外，还有一种解释是后悔理论。和解的诉讼人永远不会知道他们在审判中可以得到多少，因此他们不会感到遗憾。然而，寻求审判的诉讼人，如果放弃了和解后发现和解结果好于审判结果，他们就会后悔。因此，人们选择和解而非审判，很可能是出于对不想后悔的考虑。

三、庭审

进入庭审以后，双方就进入了一个类似于军备竞赛的零和博弈。

① BEBCHUK LUCIAN A. Litigation and Settlement under Imperfect Information [J]. Rand Journal of Economics，1984（15）：404-415.

② REINGANUM JENNIFER F，LOUIS L WILDE. Settlement，Litigation，and the Allocation of Litigation Costs [J]. Rand Journal of Economics，1986（17）：557-566.

③ SPIER KATHRYN E. The Dynamics of Pretrial Negotiation [J]. Review of Economic Studies，1992（59）：93-108.

在原告和被告各自承担损失费用的情况下，我们很容易写出双方的支付函数。

原告的目标函数为：$\max: p(x, y)h - x$

被告的目标函数为：$\min: -p(x, y)h - y$

由此，我们可以得到原告和被告纳什均衡情况下的支出。由于双方投入的努力有相互抵消的效果，原告和被告没有必要死磕下去。

不过，上述模型是对称的。现实中的情况常常是原告或被告特别是被告很可能是重复当事人，比如产品责任纠纷，而消费者作为原告是单次当事人。在产品责任纠纷中，厂商可能会与大量消费者对簿公堂。这时，重复当事人不仅事前可能聘请专职律师进行风险控制；事中如果认为可能败诉，会与原告和解；事后进行诉讼时，考虑到败诉可能出现更多的起诉，重复当事人会投入更多的资源。这时，原告和被告面临的诉讼标的其实是不一样的。因此，上述模型可以做一系列扩展。

四、上诉

败诉一方如果认为一审结果有误，上诉后法官很可能改判，他将提起上诉，上诉的动力与起诉的动力是相似的。

第二节　诉讼制度

一、诉讼费

如前所述，个人是否做出起诉取决于期望诉讼收益与诉讼成本之间的比较，由此产生的诉讼决定对社会而言可能是过度的，也可能是不足的。比如为了争夺遗产、分配婚后财产的诉讼可能是过度的；而在强奸案中，受害者起诉不仅没有货币补偿，反而要支付搜集证据的时间和努力，以及出庭作证的心理压力，特别是名誉成本，其起诉动力明显不足。因此，引入诉讼费是必要的，它可以作为过滤器，阻止一些对社会而言价值不大的诉讼。同时，对一些案件降低诉讼费的收取，甚至免收诉讼费也是合理的。民事案件通常要收取诉讼费，刑事案件则通常免收诉讼费。

为了阻止诉讼讹诈，可以由败诉方来承担胜诉方的全部或部分诉讼费用。但这种"输家埋单"的诉讼费用承担制度可能会激励过于自信的原告。法庭可以拥有一定的自由裁量权来分配诉讼费用，对碰瓷型诉讼，可以要求败诉方承担全部诉讼费用；对非碰瓷型诉讼，为了避免"输家埋单"激励原告，在对赔偿额有争议的纠纷中，法庭可以通过由和解的最后要价和法庭判决的差异来规定谁是胜者，这时"输家埋单"规则就惩罚了过度自信的一方，从而有助于和解的达成。

二、法官调解

和解可保护隐私，而审判可能开创先例，树立社会规范。前文使用过度自信和后悔理论解释了可能的过度诉讼，这使得普通的调解者可能难以成功。但法官作为调解者，更有可能化解纠纷。因为法官可以通过审判结果来打消对方的过度自信，避免可能的后悔起作用。在面临诉讼爆炸的困境时，如果引入大调解制度，把法官调解作为审前程序，可以节约很多不必要的诉讼费用。

三、信息披露

前文指出，诉讼还可能由信息不对称导致。这时，审前双方的信息沟通会有助于和解的达成。双方总是有激励披露对对方不利的坏消息，以此来争取更有利的和解条件。比如原告有激励自愿披露比被告想象更为严重的损失，被告有激励自愿披露没有过错。其次，英美国家的程序规则有一个证据开示（evidence discovery），即强制双方进行审前证据交换。大陆法国家包括我国也引入了证据开示制度，但主要是经当事人申请，在法院主持下的自愿证据交换，而非强制性的。强制披露信息的原理在第二章介绍过，对搜集时没有成本的信息都应该强制披露，所以在证据交换中引入强制披露有经济学基础，否则受伤害不严重的原告有激励保持沉默以获得更高的和解赔偿。但强制披露在一些不容易证实的信息上会遇到困难，比如精神伤害、误工损失等。

四、减少司法错误

经济学对诉讼程序制度的基本理解是减少司法错误。司法错误减少了违法的成本，却增加了守法的成本，给当事人增加了不必要的风险，增加了无谓的诉讼费用。因此，投入努力减少司法错误是值得的。但投入努力也有成本，与侵权法的分析类似，程序法的目标就是最小化司法错误成本和管理成本之和，即

$$\min: p(x)h + x$$

其中，x 为投入的努力，也就是司法程序的运行成本；h 为司法错误的成本，p 为司法错误的概率。

减少错误的方式有全面监督和复查、抽查、上诉。显然，上诉利用了当事人的信息，遭遇错判损失的当事人更可能上诉，因此，通过上诉减少司法错误的成本更低。当然，上诉也有成本，只有当上诉的成本小于减少司法错误的成本才是有效率的。

上诉以后的社会成本为

$$\min: x + p(x)\{y + [1 - q(y)]h\}$$

其中，y 为上诉引起的诉讼成本，q 为上诉降低的司法错误比例或概率。

因此，当且仅当 $y + [1 - q(y)]h < h$，即 $y < q(y)h$ 时上诉对社会而言是有效率的。这意味着纠错是有限度的，不能一直纠错下去。"正义是有代价的"，讲的正是"天下没有免费的午餐"。我国采用两审终审制，但实际上当事人上诉败诉后还可以申请再审，对再审结果不服还可以选择上访。不仅如此，当事人上诉以后，上诉法院还可以发回一审法院重审。但反复的庭审、上访耗费了过多的资源。

当事人一再纠缠说明了上诉上访的成本太低。与起诉决策一样，当事人的上诉决策与社会有效上诉可能是不一致的，上诉法院应该保留驳回上诉的权利，同时，对一些错误成本太高的案件应主动进行复核，比如死刑复核制度。

除了通过司法程序来减少司法错误以外，证据标准也有助于减少司法错误。证据标准越高，证据的搜集和证明的成本也越高，因此，只有当司法错误带来的成本越高时，证据标准才越高。刑事案件错误的成本最高，它对证据的要求是排除合理怀疑（beyond a reasonable doubt）；行政案件或惩罚性赔偿案件次之，它对证据标准的要求是明确且有说服力（clear and convincing evidence）；民事案件则只要求优势证据（preponderance of the evidence）。为什么刑事案件司法错误的成本更高？弗里德曼给了一个解释：民

事审判错误带来的只是财富的错误转移，而刑事审判错误带来的牢狱之灾则是社会净成本。

五、举证责任

为什么"谁主张谁举证"是基本原则？什么时候实行举证责任倒置？这是证据法的两个基本问题。举证责任分配的基本原理是应该把举证责任分配给证明成本更低的一方。"谁主张谁举证"意味着原告的证明成本通常更低。不过直接表达 $c_p < c_d$ 是不对的，c_p 表示原告的证明成本，c_d 表示被告的证明成本，因为原告证明的东西和被告证明的东西是相反的，二者不可能同时发生。粗略的表达应该是：

x 发生的概率 × 原告证明 x 发生的成本 $< x$ 没有发生的概率 × 被告证明 x 没有发生的成本，即

$$p(x)c_p < p(\bar{x})c_d$$

显然，

$$p(x) = 1 - p(\bar{x})$$

一般来说，证明 x 发生的成本要低于证明 x 没有发生的成本，因为后者是一个开放式的证明，前者是一个封闭式的证明。所以，"谁主张谁举证"成为基本原则。

现实中，法庭还看到了某个证据或事实 y，比如病人身体里有残留纱布，这说明手术更可能是不成功的，然后法庭基于它来判断谁的证明成本更低。这时，举证责任分配的严谨表达是一个条件概率下的成本比较：

$$p(x|y)c_p < p(\bar{x}|y)c_d$$

利用条件概率公式，上述式子等价于下式

$$p(y|x)p(x)c_p < p(y|\bar{x})p(\bar{x})c_d$$

这时，我们判断"谁主张谁举证"条件是 $c_p < c_d$，$p(x)$ 比较小，且 $p(y|x) < p(y|\bar{x})$。用前述例子表达，就是在医生无过错的情况下，病人身体里有残留纱布的概率肯定小于医生有过错的情况下病人身体里有残留纱布。

反过来，如果 $p(y|x) > p(y|\bar{x})$，$p(x)$ 比较大，且 $c_p >> c_d$，就适用举证责任倒置。

上述这一段举证责任的讨论使用了条件概率的表示方法，没有概率统计基础的人可能难以明白。法庭判决常常禁止使用纯粹的概率推理，比如传闻类证据是被禁止的。以著名的南京彭宇案为例。2006 年 11 月 20 日早晨，

三辆公交车同时抵达车站，徐寿兰老人跑步前往排在最后的第三辆车时与第二辆车上第一个下车的乘客彭宇（可能）发生了碰撞而倒地骨折。彭宇和另一位目击者一起搀扶起徐寿兰，然后彭宇与徐寿兰家人一起陪同徐寿兰前往医院，并垫付了 200 元钱。第二天民警给双方做了笔录，但事后原件丢失。在复制的笔录中，徐寿兰称彭宇撞了她，彭宇则称是老人撞了自己。在法庭辩论中，彭宇称自己未与老人相撞，搀扶、垫付都是见义勇为而已。但法庭认为从彭宇声称见义勇为的时机（第二次庭审时才提出）、陪同家属前往医院，以及垫付 200 元钱的行为来推断彭宇很可能撒谎，因此法庭不支持彭宇的主张，而支持徐寿兰家属的主张。只是在本案中，双方均无过错，基于公平原则，彭宇承担 40% 的责任。彭宇将此案诉诸媒体，引起了"好人被诬"的广泛争议。舆论热议的是法庭的判决推理，而这个推理就是基于纯粹的概率推理，而且是一种反证法，因为彭宇没有按照法官所认为的大部分人的套路出牌。大部分人面对是否要见义勇为时都会产生"搭便车"的想法，希望别人见义勇为，而不是自己[①]。

　　考特和尤伦举了另外两个禁止纯粹的概率推理的例子。能够容纳 1 000 人的音乐会礼堂有 400 人购票进入，600 人趁乱闯入。事后的照片里确认了 100 人，购票者也丢了票根，那么这 100 人中的每个人都有 60% 无票闯入的概率。根据优势证据原则能就此判定每个被告承担责任吗？答案是不能。这是纯粹的概率推理。反过来，如果门卫声称能辨认谁是无票闯入的，但其辨认的准确率也只有 60%，则门卫的证词很可能会被法庭接受。第二个例子是麻醉后病人没有醒过来，麻醉师可能在事前检验有过失，也有可能是事后手术期间处置不当，事前和事后有过错的概率都是 40%。如果只要其中一个阶段有过错，麻醉师就需要承担责任，那么，按照概率推理，麻醉师有过错的概率是 $1-0.6\times0.6=0.64$。但法庭做这种逻辑推理是不被允许的[②]。为什么呢？我认为，原因可能是法官主动进行纯粹的逻辑推理违反了由原告或被告来举证的基本原则，转而由法官直接根据案件细节进行逻辑推理，它对法官的智慧以及守正品格提出了更高的要求，违反了法官被动、中立审判的制度安排。它在普通法背景下更可能不被允许，但在成文法国家，法官有更多事实调查的权力，纯粹的逻辑推理在一定程度上则可能会被接受。

---

　　①　如果从第三章侵权的经济学角度来分析，双方均无过错，这件事情纯属意外，彭宇即使与老人相撞也不需要承担任何责任。侵权的经济学分析不支持法庭基于公平原则判定彭宇承担 40% 责任。

　　②　著名的所罗门王关于亲子疑云案件的判断也是基于逻辑推理的。

第三节 法官激励与律师服务

一、法官激励

前面对司法审判的讨论集中在原告、被告的博弈以及诉讼制度对博弈的约束，这里忽视了另外两个角色：法官和律师。法官居中裁判，要求客观公正，而要保持客观公正，又要求法官利益与判决结果无关。但法官利益与判决结果无关相当于固定工资，意味着一定程度上放弃了激励。没有激励，法官就可能偷懒，"既要马儿跑，又要马儿不吃草"，成为法官激励的难题。大部分时候，"法官心中的天平"成为唯一的倚仗。"法官心中的天平"可靠吗？一项在法官不知情的情况下针对以色列八位假释法官长达十个月观察的著名研究表明，这八位法官的作息时间很有规律，每天就是审案间隔茶歇、午餐、茶歇，但工作并不轻松，案子很多，平均每六分钟就得完成一份判决。有统计数据发现，上班刚开始、午餐或茶歇后，假释申请的通过率显著较高，最高超过70%。此后，通过率持续下降，到下次休息之前，通过率接近于0，而以色列平均假释通过率是35%。此项统计得出了司法判决竟然可能取决于法官的心情的结论[1]！

普通法系通常采用对抗式程序，真相通过双方律师的激烈辩论自动呈现，法官只是中立的裁判者，其中事实问题甚至也交由陪审团判断，法官只判断法律问题。根据前面的分析，如果法律相对明确，原告与被告双方能预知法律后果，双方就会和解，那么，最后由法庭审判裁决的案子大都是法律不明确、不完全情况下的复杂案子，这时法官的判断具有主观性，除非法官收受贿赂，严重违反职业道德，否则很难根据法官的判决直接评价其绩效。即使当事人一方上诉，上诉法官改判，那也只是表明上诉法官的看法不一致，并不表明一审法官的判决就是错的，有可能只是调整了判决的金额，就算是完全改判，要证明一审法官在错判时存在过错也是很难的。在普通法系国家，一审法官和二审法官只是分工不同，并无等级之分，他们有平等的权

---

① DANZIGER S J LEVAV, L AVNAIM-PESSO. Extraneous Factors in Judicial Decisions [R]. PNAS, 2011 (108): 6880-6892.

力诠释法律，解决法律之间的矛盾，甚至通过创立先例影响法律的制定。在大部分情况下，法官既无奖励，也无处罚，同时还有很高的职业保障，法官可能产生的道德风险主要通过适当的效率工资（高薪）和声誉来排除[①]。适当的效率工资指的是法官工资不能太低，工资太低就吸引不了优秀的法官，因为他们常常有更多的职业选择机会，或更高的保留工资，经济学将其称为逆向选择；工资也不能太高，工资太高会吸引并不热爱、敬畏司法事业的人，造成顺向选择。当然，效率工资也有助于在监督困难的情况下降低道德风险。在先例制度下，法官创立先例类似于学者发表论文，精彩的判例必然赢得同行的崇高赞许，引发公众质疑的糟糕判决则刚好相反，二者都有助于法官创建自己的声誉。但这的确是不完全的，在一些程序化的、难以监督的枯燥裁判中，就出现了以色列假释法官的任意行为。

　　大陆法系采用纠问式程序，这要求法官不仅要判断法律问题，还要更加深入地介入案件事实的核证。大陆法系可能有陪审员，但陪审员与法官无明确分工，造成外行与专家共同审案，外行很难发挥实质性作用的局面。这使得大陆法系的法官需要投入的精力更多，权力更大，更需要激励和约束。同时，大陆法系的法官只是法律的诠释者，不具有创立先例的权力，法官创立声誉的动力大大减弱。在这种情况下，既不是由效率工资也不是由声誉来引导法官行为。为了提升法官素质，避免人才流失的逆向选择问题，我国也引入了员额制改革，适当提升一线判案人员待遇，但这并不是效率工资，因为法官的收入相对于律师的收入而言，差距还是很大。在成文法国家，法官发挥创造性的空间有限，在我国，法官也不能对重大复杂案件独立做出决定。追责机制使得法官乐于将这类案件提交给审判委员会讨论，转为集体负责，当二审改判可能影响绩效评价时，一审法官还可能事前与二审法官沟通或请示。从表面上来看，成文法国家的法官在法庭审判中的权力更大了，但主要是事实调查的权力。在我国，法官进行法律判断的权力被部分分割了，重大疑难案件由审判委员会负责，使用经济学不完全合同的术语，审判委员会拥有相机控制权（contingency control rights）。再加上我国对公安、检察、法院关系的定位是"分工负责，互相配合，互相制约"，检察院还有对法院的监督职责、提起再审的权力，当事人不服法官判决还可以上访，法官并不具有终局的至高无上的地位，他只是在司法"流水线"上作业的一名技术工人。

---

　　① 上一章对执法者激励的分析同样适用于法官。

我国法官的激励制度是等级晋升制度，与公务员类似。"五级法官至三级法官，每晋升一级为三年；三级法官至一级法官，每晋升一级为四年。晋升期限届满，经考核合格，方可晋升；不合格的应当延期晋升；德才表现、业务水平、审判工作实绩特别突出的，可以提前晋升。晋升考核以年度考核结果为主要依据。"[①]

有的学者习惯于将普通法系的司法独立、法官的个人权威作为评价我国法官角色和地位的参照，这存在很大的问题。我国强调的审判独立不是法官个人的司法独立，而是法院的审判独立，独立是相对于其他个人、机关、团体而言的。法院的审判独立与民主集中制并不矛盾，法院作为组织直接受党委领导。这是两种应对法律不完全、重大疑难案件可能带来的风险的方式，用经济学的语言来表达，就是普通法系背景下法官掌握剩余控制权（residual control rights），而我国是法院审判委员会掌握剩余控制权。

二、律师服务

当事人与律师本质上是一个委托代理关系，诉讼则是一项具有极大不确定性的任务，同时，当事人与律师之间存在严重的信息不对称。对于胜诉或败诉的原因，即使在宣判结果出来以后，当事人很多时候也难以知晓。

当事人可以与律师签订计时收费合同，在这种情况下，律师有动力拖延交流的时间，同时，由于诉讼结果与律师收费无关，律师钻研案情、法律细节的动力也不足，敷衍的可能性更大。而且，在计时收费合同方式下，律师会鼓动当事人诉讼乃至上诉，因为这方便律师不断收费，即使和解对当事人是最佳的选择。为了避免这种情况，当事人可以与律师签订风险代理合同，即胜诉以后，律师可以获得胜诉赔偿的一定比例。风险代理相当于分成制，律师的积极性会得到很大提高。分成比例与律师的风险态度有关，如果律师是风险中性的，当事人是风险规避的，最佳的分成是直接将诉讼任务卖断给律师，当事人获得一个固定的金额，律师成为剩余索取者。但法律常常不允许这样做。即使法律允许这样做，律师也不愿意直接买断诉讼权利，因为诉讼需要当事人的参与和配合，当事人直接卖断诉讼的全部权利以后就没有动力配合律师参与诉讼了，这时败诉的可能性就很大。考虑到这一点，如果律师也是风险规避的，则分成比例一定不是 1，而是介于 0 到 1。

---

① 参见：陈瑞华. 司法体制改革导论［M］. 北京：法律出版社，2018.

　　如前所述，当事人特别是重复当事人，为了阻吓"碰瓷"的骚扰性诉讼，会提前聘请律师，或者是聘请律师事务所作为咨询单位，或者直接成立法务部门，提前支付律师费成为动态博弈中的可置信承诺。这些长聘律师也可以对合同条文进行把关，进行风险控制，避免未来在诉讼中处于不利地位，这使得现在的合同变得篇幅越来越长、条款越来越复杂。

　　尽管成文法系背景下的法官有更大的事实调查的权力，但当事双方互挖墙脚的逐底式竞争是法庭发现事实成本更低的方式。为了在竞争中保持主动，律师需要提前知道所有细节，否则如果对方律师在法庭中突然提出对己方不利情节，己方律师将处于被动地位。这要求律师与当事人之间事前进行无间隙沟通，但这种无间隙沟通要求当事人充分信任律师。如果律师掌握当事人的不利情节后举报当事人，当事人就不愿意跟律师坦诚相待。因此，律师作为代理人，有对作为委托人的当事人的忠实义务和保密义务。当然，在当事人同意，或者当事人正试图从事危害他人的犯罪行为时，律师没有义务再保密。同时，律师虽有对当事人不利情节的保密义务，但也不得歪曲事实，捏造证据，因为这违背了通过诉讼来发现真相的初衷。

　　律师收费由律师服务市场竞争性决定，经验丰富的律师和刚入职的律师，收费肯定不一样。由于律师服务异质性很强，当事人和律师之间又存在严重的信息不对称，当事人与律师进行讨价还价时，当事人处于非常不利的地位，特别是一次性当事人。不过，就如同病人看病一样，当事人完全可以通过增加信息搜寻费用来摆脱自己的不利地位。但为了保护当事人，我国出台了《律师收费服务管理办法》，对律师服务收费实行政府指导价和市场调节价相结合，其实就是最高价和最低价限制。最低价限制可能使得刚入职的律师难以通过低收费吸引客户（案源），增加经验，于是不得不依附于经验丰富的律师，从经验丰富的律师那里揽活。这样，当事人相当于支付了更高的价格，得到的却是低质量的服务。由于律师服务的信息不对称，律师的声誉就很重要，律师收费其实包含了律师的声誉费用，而最高价限制不利于律师对声誉进行投资。最高价限制阻止的是经验丰富的律师进行高收费，他可能因此放弃部分需投入较多精力的复杂案件，使得这部分复杂案件反而由经验不那么丰富的律师接单，从而导致资源的错误配置。

拓展阅读

1. 波斯纳. 证据法的经济分析 [M]. 徐昕，徐昀，译. 北京：中国法制出版社，2004.

思考题

1. 司法独立与审判独立的差异？为什么我国推行审判独立而非司法独立？

2. 法官适合作为调解者吗？试分析大调解制度背景下法官的角色冲突。

参考文献

一、中文文献

[1] 贝克尔，波斯纳. 反常识经济学 ［M］. 李凤，译. 北京：中信出版社，2011.

[2] 陈瑞华. 司法体制改革导论 ［M］. 北京：法律出版社，2018.

[3] 戴治勇. 选择性执法 ［J］. 法学研究，2008（4）：28-35.

[4] 戴治勇，杨晓维. 间接执法成本、间接损害与选择性执法 ［J］. 经济研究，2006（9）：94-102.

[5] 戴治勇. 执法经济学：一个文献综述 ［J］. 管理世界，2008（6）：161-167.

[6] 高艳东. 从盗窃到侵占：许霆案的法理与规范分析 ［J］. 中外法学，2008（3）：457-479.

[7] 哈特，等. 不完全合同、产权和企业理论 ［M］. 费方域，蒋士成，译. 上海：格致出版社，2016.

[8] 胡宁. 选择性监管及其经济后果研究：来自沪深交易所年报问询函的证据 ［M］. 北京：人民日报出版社，2021.

[9] 兰德斯，波斯纳. 侵权法的经济结构 ［M］. 王强，杨媛，译. 北京：北京大学出版社，2005.

[10] 李雪，罗进辉，黄泽悦. "原罪" 嫌疑、制度环境与民营企业慈善捐赠 ［J］. 会计研究，2020（1）：135-144.

[11] 刘守英. 土地制度与中国发展 ［M］. 北京：中国人民大学出版社，2018.

[12] 考特，尤伦. 法和经济学 [M]. 6 版. 史晋川，董雪兵，等译. 上海：格致出版社，2012.

[13] 科斯. 企业、市场与法律 [M]. 盛洪，陈郁，译. 上海：格致出版社，2009.

[14] 桑本谦. 从要件识别到变量评估：刑事司法如何破解"定性难题"[J]. 交大法学，2020（1）：29-46.

[15] 桑本谦. 传统刑法学理论的尴尬：面对许霆案 [J]. 广东商学院学报，2009（5）：67-74.

[16] 泰勒尔. 产业组织理论 [M]. 张维迎，总译. 北京：中国人民大学出版社，1998.

[17] 梯若儿. 公司金融理论 [M]. 王永钦，译. 北京：中国人民大学出版社，2007.

[18] 唐松，温德尔，叶芷薇. 恒产者恒心：原罪嫌疑、产权保护与民营企业绩效 [J]. 经济学（季刊），2020（3）：995-1016.

[19] 唐松，温德尔，孙铮."原罪"嫌疑与民营企业会计信息质量 [J]. 管理世界，2017（8）：102-122，187-188.

[20] 威廉姆森. 资本主义经济制度：论企业签约与市场签约 [M]. 段毅才，王伟忠，译. 北京：商务印书馆，2017.

[21] 威特曼. 法律经济学文献精选 [M]. 苏力，等译. 北京：法律出版社，2006.

[22] 吴晓波. 激荡三十年 [M]. 北京：中信出版社，2008.

[23] 俞可平. 重新思考平等、公平和正义 [J]. 学术月刊，2017（4）：5-14.

[24] 张维迎. 信息、信任与法律 [M]. 北京：生活·读书·新知三联书店，2006.

[25] 张五常. 经济解释 [M]. 北京：中信出版社，2019.

[26] 周黎安. 转型中的地方政府：官员激励与治理 [M]. 上海：格致出版社，2017.

二、外文文献

［1］ ACEMOGLU D, SIMON J. Unbundling Institutions ［J］. Journal of Political Economy, 2005（113）: 949-995.

［2］ BECKER GARY, GEORGE STIGLER. Law Enforcement, Malfeasance, and Compensation of Enforcers ［J］. Journal of Legal Studies, 2974（3）: 1-18.

［3］ BEBCHUK LUCIAN A. Litigation and Settlement under Imperfect Information ［J］. Rand Journal of Economics, 1984（15）: 404-415.

［4］ BEHRER A PATRICK, EDWARD L G, GIACOMO A M P, et al. Securing Property Rights ［R］. NBER Working Papers, 2020.

［5］ CALABRESI G, DOUGLAS M. Property Rules, Liability Rules, and Inalienability: One View of the Cathedral ［J］. Harvard Law Review, 1972（85）: 1089-1128.

［6］ DANZIGER S J LEVAV, L AVNAIM-PESSO. Extraneous Factors in Judicial Decisions ［R］. PNAS, 2011（108）: 6880-6892.

［7］ HELLER MICHAEL. The Tragedy of The Anticommons: Property in The Transition from Marx to Markets ［J］. Harvard Law Review, 1998（111）: 621-688.

［8］ LA PORTA RAFAEL, FLORENCIO LOPEZ-DE-SILANES, ANDREI SHLEIFER, et al. Law and Finance ［J］. Journal of Political Economy, 1998（106）: 1113-1155.

［9］ LA PORTA RAFAEL, FLORENCIO LOPEZ-DE-SILANES, ANDREI SHLEIFER, et al. Agency Problems and Dividend Policies around the World ［J］. Journal of Finance, 2000（55）: 1-33.

［10］ LA PORTA RAFAEL, FLORENCIO LOPEZ-DE-SILANES, ANDREI SHLEIFER, et al. Investor Protection and Corporate Valuation ［J］. Journal of Finance, 2002（3）: 1147-1170.

［11］ LEVITT STEVEN D. The Effect of Prison Population Size on Crime

Rates: Evidence from Prison Overcrowding Litigation [J]. Quarterly Journal of E-conomics, 1996 (111): 319−351.

[12] LEVITT STEVEN D. Using Electoral Cycles I Police Hiring to Esti-mate the Effect of Police on Crime [J]. American Economic Review, 1997 (87): 270−290.

[13] LEVITT STEVEN D. Juvenile Crime and Punishment [J]. Journal of Political Economy, 1998 (106): 1156−1185.

[14] LEVITT, STEVEN D, KESSLER. Using Sentence Enhancements to Distinguish Between Deterrence and Incapacitation [J]. Journal of Law and Eco-nomics, 1999 (42): 343−363.

[15] GLAESER EDWARD, ANDREI SHLEIFER. Legal Origins [J]. Quarterly Journal of Economics, 2000 (117): 1193−1229.

[16] KAPLOW LOUIS. Rules versus Standards [J]. Duke Law Journal, 1992 (43): 557−629.

[17] KAPLOW LOUIS, STEVEN SHAVELL. Property Rules and Liability Rules: An Economic Analysis [J]. Harvard Law Review, 1996 (109): 713−790.

[18] KROMAN ANTHONY T. Mistaks, Disclosure, Information, and the Law of Contracts [J]. Journal of Legal Studies, 1978 (7): 1−34.

[19] POLINSKY A MITCHELL, STEVEN SHAVELL. Should Liability be Based on the Harm to the Victim or the Gain to the Injurer? [J]. Journal of Law, Economics, and Organization, 1994 (10): 427−437.

[20] POLINSKY A MITCHELL, STEVEN SHAVELL. The Economic Theo-ry of Public Enforcement of Law [J]. Journal of Economic Literature, 2000 (38): 45−76.

[21] SHAVELL STEVEN. Acquisition and Disclosure of Information Prior to Sale [J]. Rand Journal of Economics, 1994 (25): 20−36.

[22] SPIER KATHRYN E. The Dynamics of Pretrial Negotiation [J]. Re-view of Economic Studies, 1992 (59): 93−108.

[23] STEVENSON BETSEY, WOLFERS JUSTIN. Bargaining in the Shadow

of the Law: Divorce Laws and Family Distress [J]. Quarterly of Economics, 2006 (121): 267-288.

[24] REINGANUM JENNIFER F, LOUIS L WILDE. Settlement, Litigation, and the Allocation of Litigation Costs [J]. Rand Journal of Economics, 1986 (17): 557-566.

后记

  我曾经被告诫，写教材是大师智识的体系性总结，对于普通学者而言，既然无法超越，最好把精力放在论文写作上。当我读过弗里德曼、斯蒂格勒、贝克尔各自写的《价格理论》以及张五常写的《经济解释》后，亦以为然，所以本来我并无写作本教材的打算。但在上课过程中，如何与法学院的学生沟通交流成为我的困惑，毕竟我是一个法学门外汉，这促使我不得不学习法学的一些基础知识以及思维方式，将法学与经济学的思维方式加以比较，引导法科学生了解经济学。同时，现实中丰富的案例不断涌现，思考其学理也成为我日常的脑力训练内容。当自媒体成为展现学者理性思考社会热点问题的平台，看到无数学术界朋友加入，我也数次试图提笔，但最后都放弃了，原因是在信息爆炸的时代，随笔、时评很快就被淹没，时效性太强。最后，我决定将其融入教学研究中，融会贯通法学理论与经济学理论，对时事热点进行学理化阐释，将法律经济学本土化，形成独具特色的教材，于是，我终于鼓起勇气提笔，就有了这本教材。我认为这个想法也顺应了新时代的潮流，那就是追求"顶天立地"，追求中国特色，追求本土化。

戴治勇

2025 年 4 月